はじめに

今ほど「三人寄れば文殊の知恵」が必要な時代はない

変化が激しく何が正解かわからない時代になりました。モノに満たされた生活者の望みは日に日に高度になっています。例えば「おもてなし」があります。おもてなしはその場、その状況、その相手に応じて自ら判断し対応する芸みたいなものです。何が正解なのかは誰にもわかりません。社長にも上司にもわからない。そんな時代においては現場で自発的に考え行動する力が求められます。指示命令がないと動けない人ではできないことです。一人ひとりが仕事を積極的に自分事と捉えることが求められます。

ところが実際はどうでしょうか。多くの社長、マネージャーが部下が会社を仕事を自分事と捉えない……、「他人事で主体性がない」「指示しないと動かない」という悩みを抱えています。

・わからないことがあると自分で考えずにすぐに上司に聞いてくる
・社長、上司が指摘しないと自分で課題を見つけられない
・会議では黙って下を向いている部下が多く、上司ひとりでがんばっている
・会議が単なる報告会になっていて創造ができない
・発言、提案はしないくせに文句だけは一丁前のことを言う
・目を離すと仕事をサボる（それを誰も注意しない）
・挑戦意欲が低い。無難な目標しか立てない
・自分の事にしか関心がなく仲間が困っていても助けようとしない

こうした状況で苦しんでいる社長、上司はとても多いと思います。
彼らの心の叫びはこうです。

「私ひとりがこんなに頑張っているのに何でアイツらは他人事で無関心なんだー！」

まさに「笛吹けども踊らず」ですが、そうこうしていうちに時代はどんどん変化していきます。生活者の高度な欲求に応えるためには知恵の経営が求められますが、それは社長、上司ひとりの力で実現できることはできません。昔から「三人寄れば文殊の知恵」と言いますが、今ほど、それが求められる時代はありません。

一人ひとりを育てても強い組織にはならない。

そんな時代を迎え人材育成に関心を持つ方が増えてきました。ところが個々を育ててもチームとして強くなるかと言えば、じつはそんなに関係はありません。その理由は人は集団の中で自分の行動を決めるからです。例えば、学校で起きるイジメがそうです。イジメが起きた時に当事者を指導すればちゃんと理解はしてくれます。でもやってしまうのが集団なのです。社員を研修に派遣しても3日も経つと元に戻るのは集団が育っていないからです。

人材育成と組織づくりは似て非なるもの。なので「集団まるごと育てる」という発想が求められるのです。

私は長野県の田舎町で社員数43名の新聞販売店を23年間経営してきました。1995年に父がガンで余命宣告を受け、急遽24歳で後を継ぎました。正直やりたい仕事ではありませんでした。当然のように社員も同じでした。お金のためと割り切って働いていました。同じ給料がもらえるならできるだけ仕事はしたくないという社員が多くいました。ある時、営業に出た社員が時間になっても帰って来ず、心配して探しに行ったらパチンコ屋の駐車場に堂々と社名の入った車が停まっていました。ホクホク顔で帰ってきた時には殴ってやろうかと思いました。

なんとかしようと様々な研修に派遣したのですが3日も経つと元に戻ってしまう。そんなことをしているうちに新聞の購読者は減っていくばかりです。私はひとりで頑張り新規事業に進出しました。信州の名産品の通販事業です。そして笑い話のようなとんでもない大失敗をしました（後で詳述します）。

その時に私はある「諦め」をしました。それは**「もうこれ以上私ひとりの力で会社を成長させることができない」**ということです。今の時代において私が常に正解を示し続け指示命令で組織を動かすことができないと諦めたのです。そこで「三人寄れば文殊の知恵」ができる組織づくりを決意しました。

それを**「指示ゼロ経営」**と名付けました。

その結果、今ではまったく違う業態に化けました。２０１０年から社員のアイデアで新聞店ならではの経営資源を活用した「地域づくり事業」をスタート。２０１４年には行政から正式に業務委託を受け地域の人々と共に地域創生を行っています。

行政からのギャラと地域の人々と開発した商品の販売、企業へのコンサルティングなどで新聞事業の９％にあたる新たな収益を創り出し増収増益に転じました。

２０１７年の決算賞与では正社員一人あたり１００万円の特別賞与を支給しました。

私は現在、社員に会社を譲り、指示ゼロ経営を伝えるべくセミナーや社内研修、学校ではキャリア教育を行っています。

指示ゼロ経営とはどんな経営なのか？

指示ゼロ経営とはひとことで言えば「三人寄れば文殊の知恵」が起きるクリエイティブな組織です。一般的によく言われる「自律型組織」です。

社長、上司に指示命令されずとも、自分たちで課題を見つけ、みんなで学び合い、助け合い、解決してしまう集団です。うちの会社では例えば、休日ローテーションから商品開発、事業開発、作業の工程、そして給与まですべて社員が自発的に関わり、決めています。

リーダーひとりの限界を超えた素晴らしいアイデアが生まれています。

具体的な場面でご紹介するとわかりやすいと思います。例えば、あなたが朝、出社すると部下からこんな報告を受けます。

「昨日、○○な問題が起きたんですが、みんなで話し合い、原因の解明は終わっています。で、Aさんがリーダーになり、BさんとCさんがお客様にお詫びに行きました。その後みんなで作業工程の見直しをして解決と再発防止にあたっています。結果はまた報告しますね！」

嬉しいですよね。

こんなことも起こります。

「今期の事業計画ですが、ウチのチームでは新たに行政とタイアップして大きな受注を決めました。そこで、社長が今進めているプロジェクトとの相乗効果があるのでコラボしたいと考えています。今週中に打ち合わせをしたいのですが、時間はとれます

か？」

心強いですよね？

・社長、上司が指摘しなくても課題を自分たちで見つける
・いちいち上司に相談せずに、仲間と学び合い助け合い自力で解決する
・会議ではリーダーが口を挟めないくらいにみんながしゃべり、素晴らしいアイデアを出す
・不平不満があってもそれを上司に要求するのではなく、経営者視点で考え、自ら解決策を提案する

まずダントツに仕事を愉しむようになります。しかも社長、上司が世話をしなくても「勝手に」ヤル気を生み出します。会社を仕事を自分事と捉えるようになります。仲間同士で学び合うので加速度的に成長します。離職率も下がります。イキイキと働く社員の姿を見るので、採用では多くの志望者が集まります。変化に合わせ現場が素早く対応するようになります。「三人寄れば文殊の知恵」で価値の高い商品・サービスや企画を生むので業績が良くなります。

そして何よりも社長、上司がひとりで悩むことがなくなります。

これらを自分がカリスマリーダーにならず実現するのが、指示ゼロ経営です。

この本では、私が歩んできた指示ゼロ経営の道のりと、そこから起こる様々な問題（本当にいろいろありました）、実際に指示ゼロ経営にするために必要なことをご紹介します。

これまで８０００人以上、２００を超えるチームがこの指示ゼロ経営で大きく変化しました。ある要件を満たせば例外なく自律型組織になることを確認しています。しかもそこにはカリスマ性はまったく必要ありません。

たった3年間で指示ゼロ経営になった老舗染物店

岩手県一関市に創業１００年を迎える「京屋染物店」があります。染め物業界は典型的な衰退産業で、創業した大正7年には全国に1万４０００社あった染物店は現在、３００社ほどに減少しています。蜂谷悠介社長が指示ゼロ経営セミナーに参加され出会いました。

今、同社は大手企業や著名人から受注を決めるまでに成長し業績は好調です。２０１７年にはサイボウズ社が主催する「kintone AWARD」でグランプリを受賞しました。

会社に行くと誰が社長だかわからないくらい皆が自社のことを自分事で語り、社長はそれをニコニコと聞いています。

「今日の京屋は昨日の京屋ではない」を合言葉にチームの力で会社を成長させています。

休日から商品開発、作業のやり方、給与まですべて社員が参画して決めています。

同社を視察した方は口々に「そんなことをしたらワガママ好き勝手にならないのか？」と訝しげな顔をされますが、そんなことは起きません。

しかし3年前まではこんな会社ではなく、社員から「社長にはついていけない」と断言されたこともありました。

一体、この3年間に何が起こったのか？　どんな仕組みで経営しているのでしょうか？

大手生活品メーカーに勤めるNさんという女性は社員教育の部署に勤めています。いつも新規事業や新規部門の立ち上げ、混乱している部署に「期間限定」で配属されます。基礎をつくり上げたら別の部署に移るのです。

大変な立場ですが、抜擢されるのには理由があります。

それは「Nさんがいなくなっても課題を解決できるチーム」を育てられるからです。自分たちが主体となり計画を立て、役割を決め、学び合い助け合いながら目標を達成するチームを育てています。

どんな想いで、どんな取り組みをしているのでしょうか？

本書を活用していただければ社長、マネージャーはもうひとりで悩むことはなくなります。リーダーの限界をはるかに超えた素晴らしいアイデアが毎日のように出て、会社が部署が「勝手に」良くなっていくでしょう。

想像してみてください。

今、あなたがこれを読んでいる瞬間にも部下があなたと同じ様に会社を想い、仲間と熱心に話し合っている姿を。明日、会社に行くと素敵な笑顔で自分たちで決めたプランを自慢げに語る姿を。あなたは「最高だ！　それで行こう！」と声を震わせて言うのです。

さあ、一歩を踏み出しましょう！　最高に人が輝く経営を実現しましょう！

目次

2章 指示ゼロ経営はどんな仕組みでまわるのか……45

目次

4章

指示ゼロ経営の導入でリアルに起きるトラブルへの対処法……187

6章 指示ゼロ経営の闇と光 ～指示ゼロ経営は人生を創る～……293

カバーデザイン　山之口正和（tobufune）
本文デザイン・DTP　ナナグラフィックス

1章

なぜ今の時代に指示ゼロ経営（自律型組織）が求められるのか

今の時代は自律型組織がふさわしい

「今の時代に商売をやるのって難しいよな～」

以前に地元の商店主とそんな話になりました。私が「いやいやどんな時代だって簡単じゃないですよ」と言うと、こんな昔話を聞かせてくれました。

「昔は朝、店頭に商品を並べておくと夕方にはなくなっているんだよ。アイテム数も今ほど多くなかったから、とにかく欠品を防ぐことだけ考えていれば良かったんだ」

昔とは昭和30年～40年代のことだそうです。

もちろん少し大げさに話したのだと思いますが、確かに今の時代の商売は難しいと思ったのです。

そして店主はこう続けました。「今は何が難しいって、これをやれば正解ってのがないことだ」と。うん、その通りだと思いました。

正解がわからない……、これって不安ですよね？

きっとあなたも同じように感じておられるのではないでしょうか。多くの方がこれまでのやり方では通用しないことは肌で感じている、でも何をしたら良いか見えずに不安を感じています。

今、事業が上手く行っている方でもそれがいつまで続くかはわからないと感じていると思います。あっという間に変化する時代ですからね。

今、**自律型組織**への関心が非常に高まっています。ここ数年の間に多くの関連書籍が出て各地で読書会も開かれています。こうした背景には時代の変化が関係していると思います。

どうやら今の時代に自律型組織が合うと感じています。

私のセミナーでは最初にこのテーマでグループディスカッションをします。難しいテーマかと思いきや参加者はどんどん自分の考えを発表します。

・変化が激しいのでいちいち上にあげていては手遅れになるから
・生活者の欲求が多様になったことで現場で判断する必要があるから
・トップダウンでは社員の個性が消されて斬新なアイデアが出ないから

・働く人の価値観が多様化しているから
・抱える課題が難しくなり社長、上司だけの知恵では解決できないから

参加者は専門家ではありません。なのに、ほぼ全員が自律型組織の必要性を言葉にすることができます。日々、仕事をする中で肌で感じているからだと思います。

では今はどんな時代でなぜ自律型組織が合うのかを確認したいと思います。

「そんなことよりも早く自律型組織のつくり方が知りたい」と思うかもしれませんが、それを知る上でとても大切な認識ですのでお付き合いください。

提供されてから自分の欲しいものに気づく消費者

今は正解がない時代だと言われています。誰にも正解がわからない、正解はひとつとは限らない、そんな時代だと言います。

ところがこの言葉を聞いて「そうだね」で済ませてしまっていませんか？

私は何となく「そんな時代か…」くらいに思っていました。

言葉だけが一人歩きして実際にどんなことなのかを良く理解していなかったのです。

正解がないとは、どんなことなのでしょうか？

これを物語る面白いエピソードがあるのでご紹介します。

私の友人がカフェをオープンしました。平日でも主婦層を中心にほぼ満席の繁盛店です。オーナーはオープン時に「どんな店が流行るだろうか？」と悩みました。そこでいろいろな人に相談したのですが、みんな「う〜ん、どんな店が良いかね？」と口ごもるだけだったそうです。そこでオーナーは消費者に聞くことにしました。消費者なら正解を知っていると考えたのです。

ところが返ってくるのは「いい感じの店」といった漠然とした答えでした。以前であれば、例えばスターバックスコーヒーが日本に上陸した当初であれば、具体的な要望を言ってくれたと思います。都会で経験した消費者が「コーヒーだけじゃなくて◯◯フラペチーノなんてあったら嬉しいわ」と。ところが今は消費者も一通りの経験をしているので、これ以上何が欲しいかと聞かれても答えられないのです。これが誰にも正解がわからないということなんだと思いました。

そこでオーナーは想像力を働かせて考え抜きました。内装は、ＢＧＭは、メニューは、接客はと暗闇を手探りで進むように構想を練りました。特に力を入れたのが「親切な接客」です。ドリンクや料理が美味しいのは当たり前だからです。オシャレな内装も当たり前。このようなお金をかければ手に入ることでは他店と差をつけるのは難しいと考えたのです。親切には単一の正解はありません。状況と相手に応じて正解は違ってきます。とても難しいことですが、だからこそ、そこに独自化の可能性があると考えたのです。

そしてオープン。大ヒットをオーナーはガッツポーズで喜びました。

来店したお客様はなんと言ったか？　その言葉に正解のない時代の真実があると思いました。

「そうなの！　こういうカフェが近くに欲しかったのよ」

こう言うのです。事前に聞かれても答えられない。できてから自分の欲しいものに気づくというわけです。誰にも正解がわからない時代を象徴する出来事だと思いました。

決まった正解はない、正解は無数にある

以前はわかりやすい正解があったと思います。まだ生活者がモノを十分に手にしていない時代です。より性能の良いものをより安く買いたいというニーズがありました。そうしたニーズはスペック（数値）で表現できるものです。例えば自動車であれば排気量やスピード、燃費といったもの。テレビで言えば画面の大きさ、解像度、薄さ、そして価格です。作り手はこうしたニーズに応えるために懸命な努力を重ねてきました。そのおかげで、どこにいても良いものを安く手にできる豊かな時代になりました。それに伴い経済も急成長しました。本当にありがたいことです。

ところが、生活者の欲求が一通り満たされると数値では表現できないコトを求めるようになりました。**「心の豊かさ」**です。内閣府の「国民生活に関する世論調査」によると、6割を超える人がモノの豊かさよりも心の豊かさを重視すると答えています

（約4割はモノの豊かさと答えています）。しかもそれがどんどんと高度になってきていると感じています。

例えば、私が主宰する経営塾のメンバーに大畑哲也さんというイラストレーターがいます。まさに新時代のイラストレーターだと思います。彼が最初にセミナーに参加した時の課題は独自化でした。イラストレーターを名乗る人は世の中にごまんといます。その中で選ばれるためには「彼だからできること」を探すしかありません。そこで彼の人生を振り返り、そこから独自化のヒントを探ることにしました。

じつは、彼には鬱の経験があります。人生が嫌になり自らの命を絶とうとした経験もあります。橋から身を投げようとしたのです。それを救ってくれたのがお母様でした。その経験が今の彼を形づくっています。辛い思いをした分だけ人の支えの有り難さ、心の温もりを知っているのです。彼は絵の才能もさることながら、その経験が価値であると気づいたのです。

そこで「プレゼントブック」なる絵本を開発しました。

哀しい経験をした人、傷ついた人、辛い思いをしている人に対し、身近な人からプレゼントして欲しいという思いを込めた作品です。さらにその応用で心の傷に貼る絆創膏「ことばんそうこう」なるものを開発し、ＮＨＫの全国放送で紹介されました。

彼の商品を買う人は何を求めているのでしょうか？「大切な人を応援する喜び」だと思います。

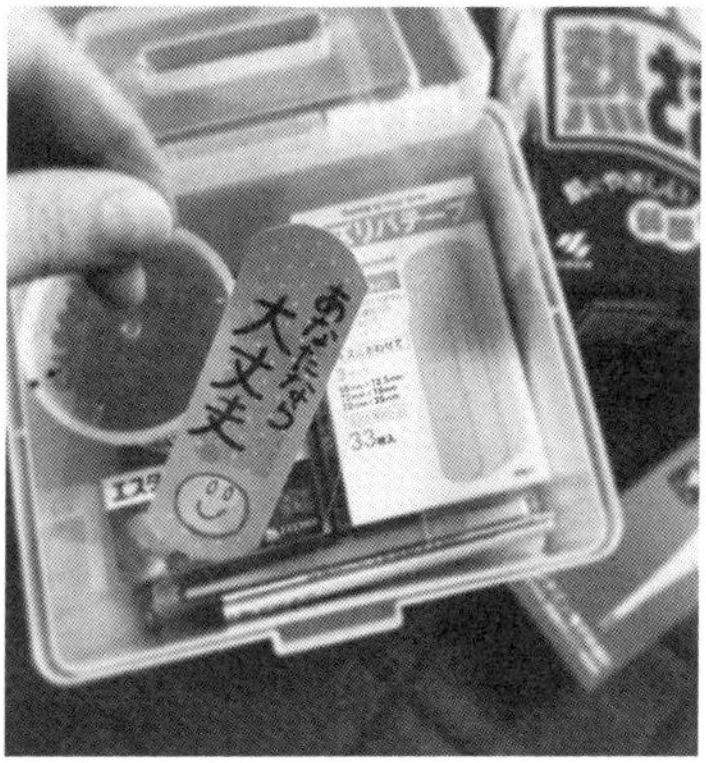

ひとり暮らしをはじめる息子の救急箱に、そっと「ことばんそうこう」を

それが絵本や絆創膏の形をしていたのです。

心の豊かさの時代には決まった正解はない、それでいて正解は無数にあると思ったのです。

心の豊かさの時代には働き方にも正解がない

正解がないのは消費の現場だけではありません。働く現場でも同じです。

「何のために仕事をするのか？」……働く動機も人により様々です。例えば私が高校生くらいの時にフリーターという言葉が初めて誕生しました。その当時は定職に就かない問題児というニュアンスがありました。ところが今はどうでしょうか？　私の知り合いにもフリーターが何人もいます。彼らの中には音楽や芸能の世界で生きていくという夢を持ち、そのために積極的にフリーターを選んでいる人がいます。定職に就かず情けないなんて思ったことはありません。むしろカッコいい生き方だと私は思っています。

ところがその一方で「いつまでも夢を見ていないで現実を直視しろ」という人もいます。その意見にも一理あると思います。

そう、いろんな考え方があるからこそ「正解がない、正解が無数にある時代」なのです。

有名な「3人のレンガ積み職人」の話があります。旅人が3人のレンガ積み職人に出会う話です。旅人が何をしているのか？　と尋ねると、1人の職人は「見ればわかるだろ。レンガ積みをしているのさ。毎日大変だよ」と答えた。2人目の職人は「大きな壁を作っているんだ。これが自分の仕事だ」と答えた。3人目の職人は「オレたちは歴史に残る偉大な大聖堂を作っているんだ」と答えたという話です。

この話の教訓は目の前の行為ではなく仕事の意義を考えよということです。

私はこの物語の続きを想像しました。4人目の職人は「家族を食わせるためにやっている」と言う。5人目は「子どものプロサッカー選手になるという夢を叶えるために頑張っている」。6人目は「モテるようになりたいから」。7人目は「趣味に使う金を稼ぐため」。8人目は「でっかい大聖堂をつくって昔、オレをバカにしたヤツをギャフンと言わせてやる」。9人目は「自分の個性を活かし社会に貢献したいから」と言う。

変な想像をしてひとりでニヤニヤしてしまいましたが、じつは、これらは弊社のスタッフに実際に聞いた「何のために仕事をするのか」の答えです。人によってこんなにも働く動機が違うのだと驚きました。そしてこれらは価値観の話なので私が評価できるものではありません。

経済が順調に成長する時代には安定した収入を得ることが幸せな人生に直結しましたが、今はそうではありません。**働く動機にも正解がない時代なのです。**

今はジグソーパズルではなくブロックをつくる力が求められる

さて、そんな時代にはどんな力が求められるのでしょうか。

正解がない時代に求められる力について杉並区立和田中学・元校長の藤原和博先生が2015年3月9日付けの朝日新聞のインタビューで次のように述べていました。

成長社会で求められていた「情報処理力」は、例えるなら、ジグソーパズルを完成させるときに必要な力です。何百というピースがバラバラになったジグソーパズルですが、パッケージには「完成したらこうなる」という絵、つまり正解が描かれています。どのピースがどこに埋まるかはあらかじめ決められてるし、一つでも場所を間違えたら完成しない。

一方、正解のない成熟社会に必要なのは、ブロックを組み立てるような力です。ブロックで犬を作ることになったとき、手持ちのブロックをどう組み合わせて、どんな犬をつくるのか。大きさから犬種まで、すべては作り手に委ねられます。100人の人がつくった100通りの犬ができあがる。こうやってブロックを組み立てていくような力のことを、僕は「情報編集力」と呼んでいます。

本当に的を射た表現をされるな、と感心しました。今は何が正解か誰にもわからない、正解は無数にある時代です。ブロックで犬をつくった時に、「すごく素敵！ こういうのが欲しかったの」と言わせる創造性が求められるわけです。

さて私自身そんな時代を生きてきて、これまでにない正解を出そうと試行錯誤をしてきました。その経験と私なりの学びをご紹介したいと思います。

今の時代はパズルではなく
ブロックを組み立てる能力が求められる

「これが正解」という完成形がある

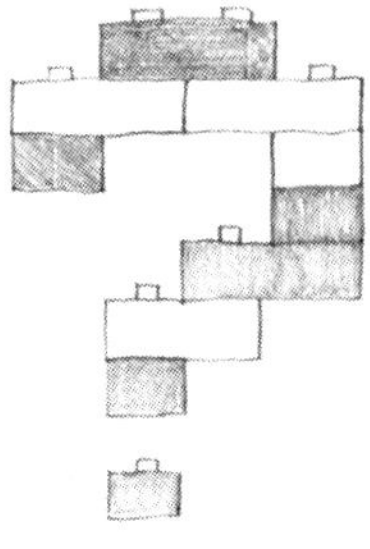

何が正解かわからない、正解は無数にある

（監修　日本図解協会）

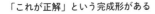

3代目ボンボン社長のひとり相撲

私が新聞店の社長になったのは1995年のことです。3代目の後継社長です。当時、私は大学を卒業して都内のドラッグストアに就職したばかりでした。継いだきっかけは母からかかってきた1本の電話です。「晋也、大変、お父さんが具合が悪くなって病院に行ったら、末期がんだって言うの。かなり進んでいて半年も持たないって言われたの……」。涙ながらに「帰ってきて」とお願いをされ、すぐに退職願を出し家業を継ぐ決意をしました。しかし、正直に言うと新聞店は朝早いし休みがないし、継ぎたくありませんでした。それでも継いだのは母を安心させたかったからです。

当時の私は2つの悩みを抱えていました。ひとつは、ちょうどインターネットが出始めた時期で新聞購読者が減り始めていたこと、もうひとつは社員を掌握できなかったことです。

私が本当は継ぎたくないと思っていたように社員もやりたい仕事ではなかったのです。多くの社員が「お金のため」と割り切って働いていました。その状態に危機感を抱き、なんとかしようと声を上げるものの笛吹けども踊らずです。それも当然のことだと思います。なぜなら社員から見れば私は「突然帰ってきたボンボン」です。新聞配達もしたことがない若造が何を生意気なことを言ってるんだという感じですよね。

そこで自力でなんとかしようと様々な勉強会に通い知識を身に付けました。そこで出会ったのが通信販売です。

当時、通販は成長期真っ只中でした。「よし！　通販事業に乗り出すぞ」と決意をしたのです。確か2000年のことだったと思います。しかもそんな時に偶然にも手にした日本経済新聞に驚くヒントがありました。「なんでもランキング」というコーナーにお漬物のランキングがあり、なんと信州の名産である野沢菜漬けが3位に入っているではありませんか。さすが日経、その理由も分析されていました。どうやら、かつてのスキーブームで全国から信州に来たことで全国に広がったそうです。

通販に乗り出すと決意した矢先に出会ったこの記事……僕は確信しました。

神のお告げだ！

一瞬のうちにキャッチコピーが浮かびました。

「あの時、民宿で食べた野沢菜漬けの味が忘れられない」

きっと民宿で食べた野沢菜漬けはじっくりと漬け込んで発酵させたもの、でも今スーパーで売っているのは浅漬けのはずです。きっとそれに満足していない人が多いだろうと考えたのです。

我ながら素晴らしいキャッチコピーだと興奮し、すぐに漬物屋さんに交渉に行き商品化に成功しました。ガッチリと握手をしたことを覚えています。

じっくりと時間をかけて漬け込み発酵させた本物です。期待に胸が高鳴ります。

あなたは「信州味噌で漬けた銀だらの西京漬け」を買うか？

野沢菜漬けは大ヒットしました。広告を出すと3日間くらい注文の電話が鳴り止まないのです。電話のベルがお金の音に聞こえ「世の中の金が全部オレのところに飛び込んでくる」と思ったほどです。

ところが……、少し寒さが緩み始めたある春の日のこと、広告も出していないのに朝から電話がしきりに鳴るではありませんか。しかもオペレーターは謝っている。なんと「腐っている」というクレームなのです。返品してもらい調べてみたら、腐っているわけではなく発酵が進み酸っぱくなっていただけでした。信州人からすれば一番の食べごろです。ショックでした。

「あの時、民宿で食べた野沢菜漬けの味」は完全に忘れ去られていたのです。

その後もクレームの電話は鳴り続け、ついに保健所からもお叱りを受け、断腸の思いで野沢菜漬けの販売中止を決めました。

しかし、まだ諦めるには早い。信州の名産は他にもあるということで、蕎麦の実の雑炊、信州味噌ラーメンと開発を続けました。どれもそこそこは売れたのですが野沢菜漬けの穴が埋まるほどではなく私は非常に焦っていました。そこで当時通販でどんなものが売れているかを調べました。

蟹、餃子……、私は理解しました。

「**動物性タンパクだ！」と。**

真っ先に浮かんだのは信州牛でしたが取り扱いが難しく断念。夢にまで出るほどに考え抜きついにヒラメキが降りました。これだ！　と確信を持って開発した商品は…

「信州味噌で漬けた銀だらの西京漬け」

結果は……、鹿児島から1件だけ注文がありました。

冷静になり思ったことは「それは西京漬けとは呼ばないよ。関西人に失礼だよ」ということ。そして「海のない県なのにどこから銀だらを連れてくるのさ」ということです。

この失敗で通販事業からの撤退を余儀なくされました。失ったお金は1000万円ほど。

後にこの出来事は「銀だら事件」と名付けられ、社内では黒歴史として話題にしてはいけない暗黙のタブーとなりました。

社長の資格なしと本当に落ち込みましたが、この件から私は大きな学びと「ある決意」を得ました。

カリスマリーダーになるか、賢い集団を育てるリーダーになるか？

私が銀だら事件から学んだことは**「私が常に正解を示し続けることは非常に難しい」**ということです。いや、正確には難しいではなくムリです。

だって殿堂入りするようなバッターだって打率は3割くらいです。調子が良い時も悪い時もある。私ひとりの好不調がストレートに会社に影響するなんて考えただけでも恐ろしいと思ったのです。

しかし、このことを先輩に相談したら「そんな弱っちいことを言っていてどうするんだ。それでもリーダーか？」と叱られました。でも本当にそう思ったのです。自信を失くして弱気になっていたのではなく冷静にそう思った。時代は目まぐるしく変化するし消費者の欲求はどんどん高度になっていく……。そんな時代に正解を「示し続ける」ことは難しいと実感したのです。

私は経営者として大きな岐路に立たされました。

道は2択。

①もっと努力してヒットを連発するカリスマリーダーになる

②「三人寄れば文殊の知恵」ができる賢いチームを育てる

あなたが私の立場だったらどちらを選ぶでしょうか。

もちろんこれにも正解はありません。あなただけの正解があるだけです。私は自分がカリスマになるのではなく、賢いチームを育てることを選びました。

今は何が正解か誰にもわからない時代です。しかももの凄い速さで変化します。

16年間指示ゼロ経営をやってきて確信を持ちました。

今の時代には指示ゼロ経営が最適だと。

・リーダーの限界を超えるアイデアが「三人寄れば文殊の知恵」でどんどん生まれる

・現場がその時、その場で判断し行動するので経営のスピードが増す

・社員が意思決定に参画することで、仕事を自分事と捉える

・問題を自分たちで解決するので、リーダーが本来の仕事に集中できる
・多様な働き方に対応できるので、社員が会社を好きになる。離職率が下がる

次の項目にひとつでもチェックが付けば、指示ゼロ経営により会社が良くなると考えています。

□以前は行動すれば成果が出たが、今はそのやり方では成果が出なくなった
□業界が成熟してライバルとの差をつけづらくなっている
□業界が衰退期に入っている
□変えなきゃと思っているが、魅力的なビジョンが描けない
□正直、リーダー自身が何をどうすれば良いかわからない
□ずっとトップダウンでやってきたので社員が思考停止になっている
□社員のヤル気を高める自信がない
□挑戦しようと思うが、失敗が怖くて一歩を踏み出せない

それでは次の章で指示ゼロ経営の正体を明らかにしていこうと思います。

が、その前に…銀だら事件に関してひとつの素朴な疑問を感じませんか？

そんなアホみたいな商品なのに社員の中で反対する人はいなかったの？

そうなんです。じつは当時45名ほどのスタッフがいたのですが、誰ひとりとして反対する者はいませんでした。これが私にとって大きな学びになりました。「三人寄れば文殊の知恵」の言葉通り人の集団は賢いものです。しかしそれは「ある条件」を満たした時だけなのです。人が寄っただけでは賢くならないのです。

条件を満たさないと人の集団はいとも簡単にバカになることを私は経験したのです。

次の章では、指示ゼロ経営とはどんなものか、どんな時に人の集団が賢くなるのか、どんな時にバカになるのかについて解き明かしていきます。

2章

指示ゼロ経営は どんな仕組みでまわるのか

第2章では指示ゼロ経営の正体に迫ります。

テーマは…

指示ゼロ経営のメカニズムです。

メカニズムと言うと難しそうだと思われるかもしれませんがとてもカンタンです。小学生にも理解できるくらいカンタンです。

指示ゼロ経営になると社長、上司がいちいち指示しなくても「勝手に」課題を見つけ仲間とワイワイガヤガヤ（ワイガヤ）で知恵を出し合い課題を解決してしまいます。

そんな嬉しいことが起きるメカニズムはいたってシンプルなのです。

あなたは部下からの個別相談にどう対応するか？

メカニズムに触れる前に、まずはあなたに質問です。

あなたがデスクで仕事をしているとひとりの部下が「相談があるんですが」とやっ

てきました。

あなた：「どうしたの？」

部下：「それが…、今進めているプロジェクトで問題を抱えていまして…」

はい、ここであなたならどう対応するでしょうか？

① しっかりと話を聴き、解決策を教える

② 話を聴いた上で適切な質問を投げかけ、自分で答えを見つけられるように導く

③「いや〜難しい問題だな、私にもわからないよ」とトボける

きっと②と答えた方が多いのではないかと思います。まさに理想の上司で部下から絶大な支持を得ているはずです。

①では自力で答えを見つけられる人材には育ちませんよね。上司がいないと課題を解決できない人になってしまいます。上司は常に現場に張り付いていなければなりません。

■ 一般的なヒエラルキー組織

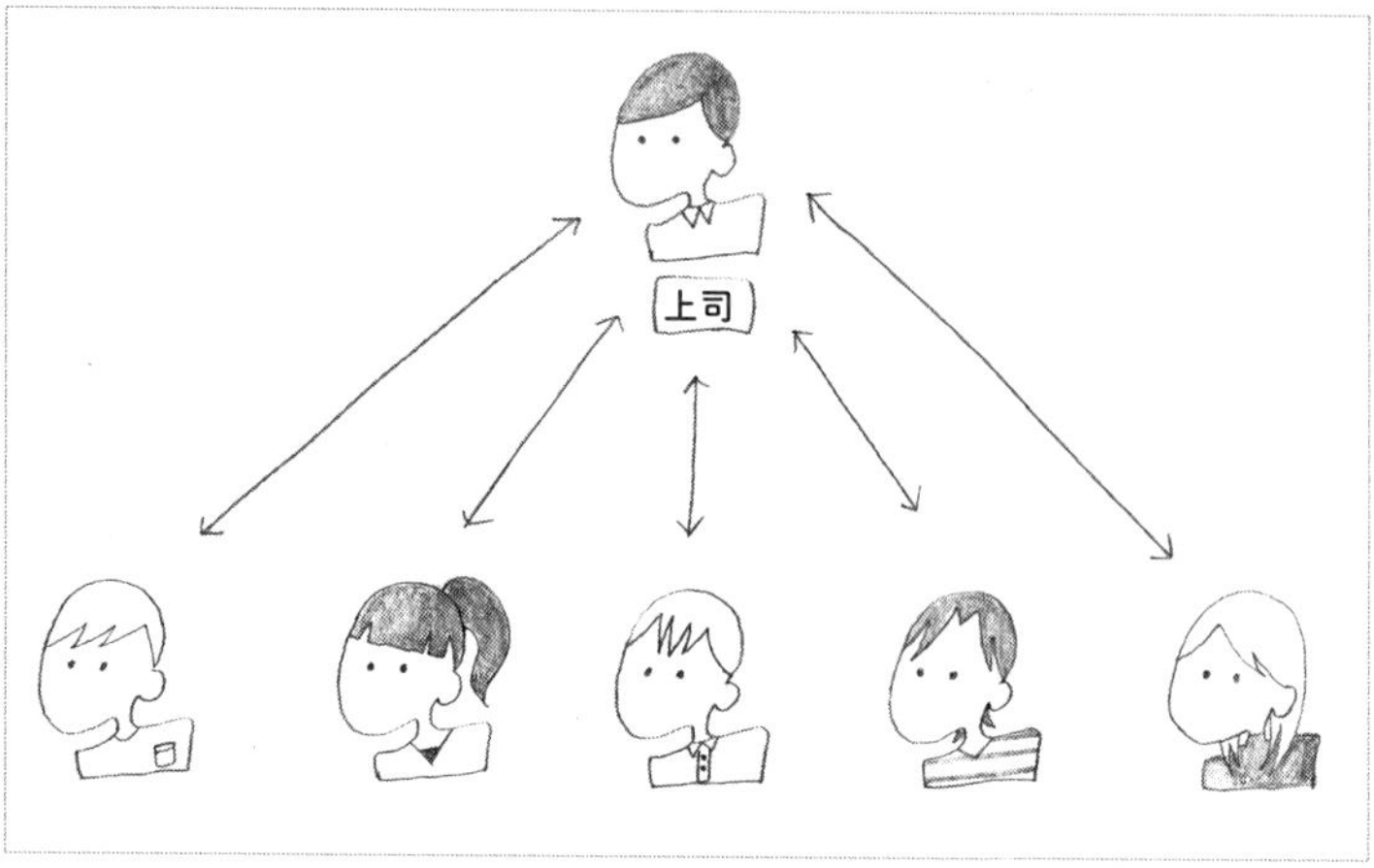

（監修　日本図解協会）

③はおそらく支持されない上司でしょう。

ところが！

③が指示ゼロ経営リーダーのスタンスなのです。

「支持」されるまでには時間はかかりますが「指示」ゼロチームに成長させられるリーダーなのです。

「自分たちの力で」課題解決できるチームを育てられるリーダーです。

どういうことでしょうか？

じつはトボけるとは要するに「上司を当てにしないでもらう」ということなのです。本当に「わからない」とトボける場合もありますし、「仲間に聞いてみたら」と学び合いを促すこともあります。

トボけると部下はどうするか？　チームワークが良いことが前提ですが十中八九、仲間に相談するはずです。これが賢いチームになる肝なのです。

とても素晴らしいメリットがあります。


これまでは部下一人ひとりとしっかりと関わる上司が「良い上司」とされてきました。対話により力を引き出す上司です。もちろんこれからも良い上司であることに変わりはないと思います。ただ、こと自律型組織においては大きく違うのです。

いくつかの弊害があるのです。

一人ひとりと関わることの4つの弊害

例えば上司が5人の部下と個々に関わるっている状態を図にすると右ページのようになります。


非常に一般的な関係で、上司に報告・連絡・相談をしながら仕事を進めていきます。

何かわからないことがあれば部下は上司に相談をします。それに的確に答える、あるいは上手な質問を投げかけ自らの気づきを導き出します。上司にとってはとても充実した仕事ですよね。

ところが問題が４つあります。

問題その１：業務上の相談ばかりでなく人間関係の相談もしてくるようになる

「最近◯◯さんが私に冷たいんです」とか「◯◯さんは休憩時間をちゃんと守らないんです。部長はどう思われますか？」と。

そんな経験はないでしょうか？　僕にはたくさんあります。先生に言いつける子どものようになる危険性があるのです。

これは相談しやすい人望の厚い上司ほどハマります。こうして上司は人間関係の板挟みに遭うのです。

こういう関係に陥っている職場には特徴があります。

いつも密室で上司と部下がなにやら話をしている。

周りの部下からしたら気持ち悪いし怖いですよね。「もしかして私のことを話してる？」そんな心配を抱えていたら仕事に集中できません。それに、こんなことはプロの仕事ではないと思うのです。

プロのスポーツ選手が「監督、◯◯さんが…」なんて言いませんよね？

問題その2：上司に認められないと頑張れなくなる

上司に相談し、指導を受け、成果を上げた部下は、成果を上げたら真っ先に上司に報告に行くでしょう。

上司も自分の指導で成長したら嬉しいです。

おお！　よくやった！　頑張ったもんな！

一緒に喜びを分かち合います。うんと褒めてあげたくなります。自分も充実感でいっぱいです。ところが、上司の心に「私の指導で成功した」という気持ちがあると、部下が自分の手を離れ自立するのが怖くなります。部下にも依存心ができます。これを続けると部下の動機が純粋な仕事への興味から「上司に褒められたい」にすり替わってしまう危険性があります。

依存関係にハマると、上司が忙しくて部下に関われないと不満を持つようになります。

「最近、上司は自分を見てくれない」と。

これもプロの仕事ではないと思います。プロの芸人が上司の評価が欲しくて頑張るでしょうか？　欲しいのは上司ではなく観客からの評価です。

問題その3：上司の影響で動いた部下は失敗から学ばない

人は失敗を経験して成長します。しかしそれは「一人前の人間」に限ります。ただ単に失敗すれば成長できるものではありません。一人前とは「自分で決めて行動した結果から学べる人」だと思います。良い結果からも悪い結果からも。上司の影響力で決めて行動した人は、失敗を上司のせいすることができます。他人のせいにする人は成長しません。

問題その4：上司の限界が部下とチームの限界になってしまう

これが一番の問題だと考えています。「上司―部下」の関係で指導する場合、上司の限界が部下の限界になりやすいのです。また部下が5人の時はチーム内の学びの数も5です。それ以上に増えることはありません。横の繋がりがないのでワイガヤは起きません。

チームで仕事をする最も大きなメリットは、ひとりでは思いつかないようなアイデアが生まれることです。ひとりではできない偉業を成し遂げてしまいます。三人寄れば文殊の知恵は「1+1+1=3」ではなく、4にも5にも6にもなることです。上司が思ってもみなかった素晴らしいアイデアが出ることです。

「上司―部下」の関係で収まっている以上、集団の知恵が生まれることはありません。

また、優秀な上司が異動や退職でいなくなった時に自力で解決できなくなってしまいます。「上司次第」では可哀想だと思います。

本当の優しさ、愛情とは自分がいなくなった時のことを考えることだと思うのです。

チェックリストを作りましたので、指示ゼロ経営にするにあたり今一度ご確認ください。

□部下は何かあると真っ先にあなたに相談してくる
□成果を上げると真っ先にあなたに報告に来る
□あなたは部下が悩んでいないか、常に気にして声がけをしている
□重要な決定を伝える時は個別に伝えている
□ミーティングは上司が設営している。社員が自発的に行うことはない

決して悪いことばかりではありませんが、指示ゼロ経営にするには見直したい習慣なのです。

集団と関わる上司が「三人寄れば文殊の知恵」を引き出す

指示ゼロ経営では個々の社員と関わらずに「集団と」関わります。

図にすると次ページのような感じです。

■指示ゼロ経営を導入した組織

（監修　日本図解協会）

「チームに対し」課題を出します。何か問題が起きた時にもチームで取り組んでもらいます。上司は基本的に個別の報連相を受けません。例外はあります。仲間には話せない深刻な悩みを抱えている時は別です。

ちょっと非常識に思えますか？　そんなことをしたら混乱するのではと怖くなるかもしれません。

しかし、チーム内の人間関係がよほど酷くなければ仲間どうしの協働が起きます。

理由はシンプルです。上司をあてにできないからです。

イメージは両親が用事で家を空けている時にトラブルに見舞われた兄弟です。

弟：「兄ちゃん、大変だ!!」
兄：「何だよ、うるさいな〜。ええ!?　ヤバいじゃん。トイレの水が溢れてるじゃん？」
弟：「どうしよう」
兄：「どうしようって、お前が使ったんだから自分でなんとかしろよ！」
弟：「え〜ん」（泣き出す）
兄：「とにかくママに電話だ。（プルルル…）繋がらない」
弟：「とにかくありったけのタオルで水をおさえよう」
兄：「わかった。じゃあそれはオレがやる、お前は近所のおじさんを呼んできてくれ」

このような協働が起こるのです。

集団は課題解決に向け、自分たちで役割を決め、解決する力を持っているのです。

さて、そのメリットを確認しましょう。

まずは学びの機会が大幅に増えます。上司が個々を指導するスタイルでは5人の部下がいた場合の学びの数は5でした。

それがチーム内での学び合いをした場合、なんと20になります。

4倍です！

10人の部下がいた場合、個々の指導では10に対し学び合いでは90になります。

9倍です！

数式にするとこうです。

n（n−1）

nは部下の数です。AさんがBさんに、BさんがAさんに、AさんがCさんに……この組み合わせで飛躍的に学びの機会が増えるのです。

20人の場合は380です。もちろんこれは機会の可能性であって実際に行われるわけではありません。しかし「上司―部下」の関係よりもはるかに多くの学びの機会が生まれるはずです。

人数が多ければ多いほど学びの機会は増えますが、現実的に上司が20人の部下を持つことはほとんどないと思います。10人×2チームとか、5人×4チームに分けると思いますが、この場合でもチーム間の学び合いが起こりますので同じ効果が期待でき

メンバーと個々に関わると学びの数は人数と同じ

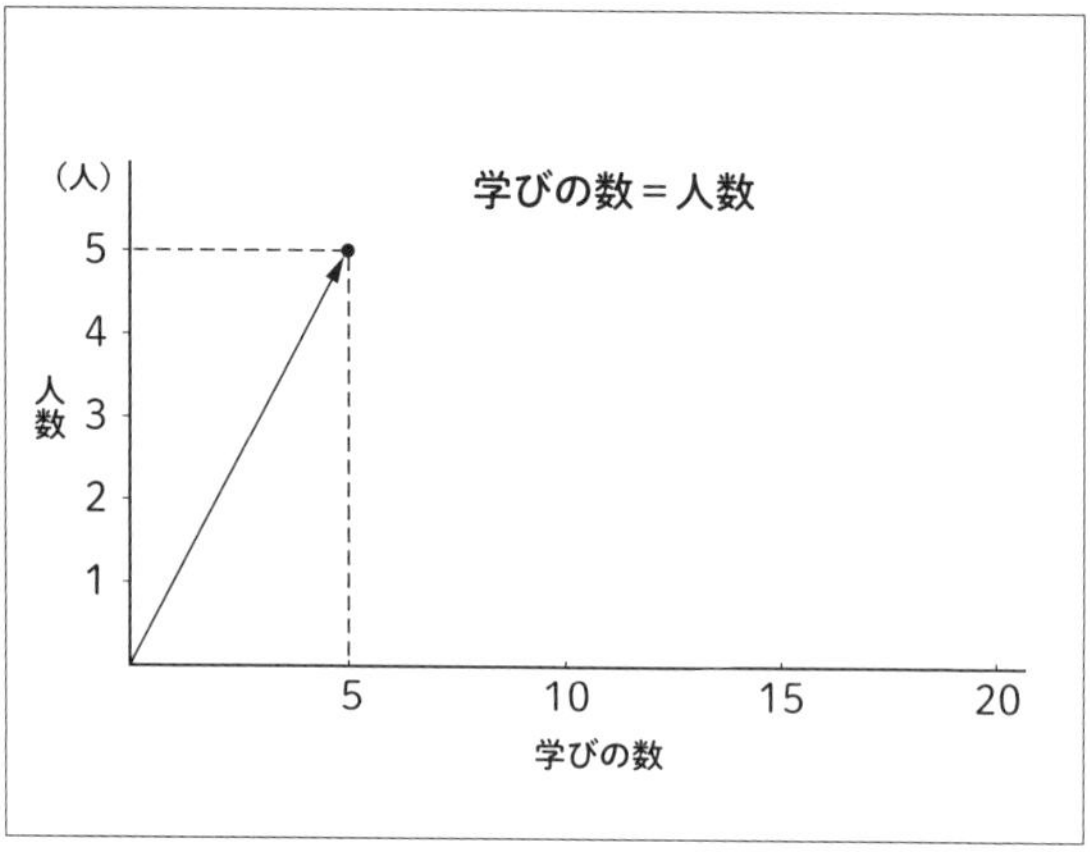

チームで関わり合うと、学びの数は飛躍的に伸びる

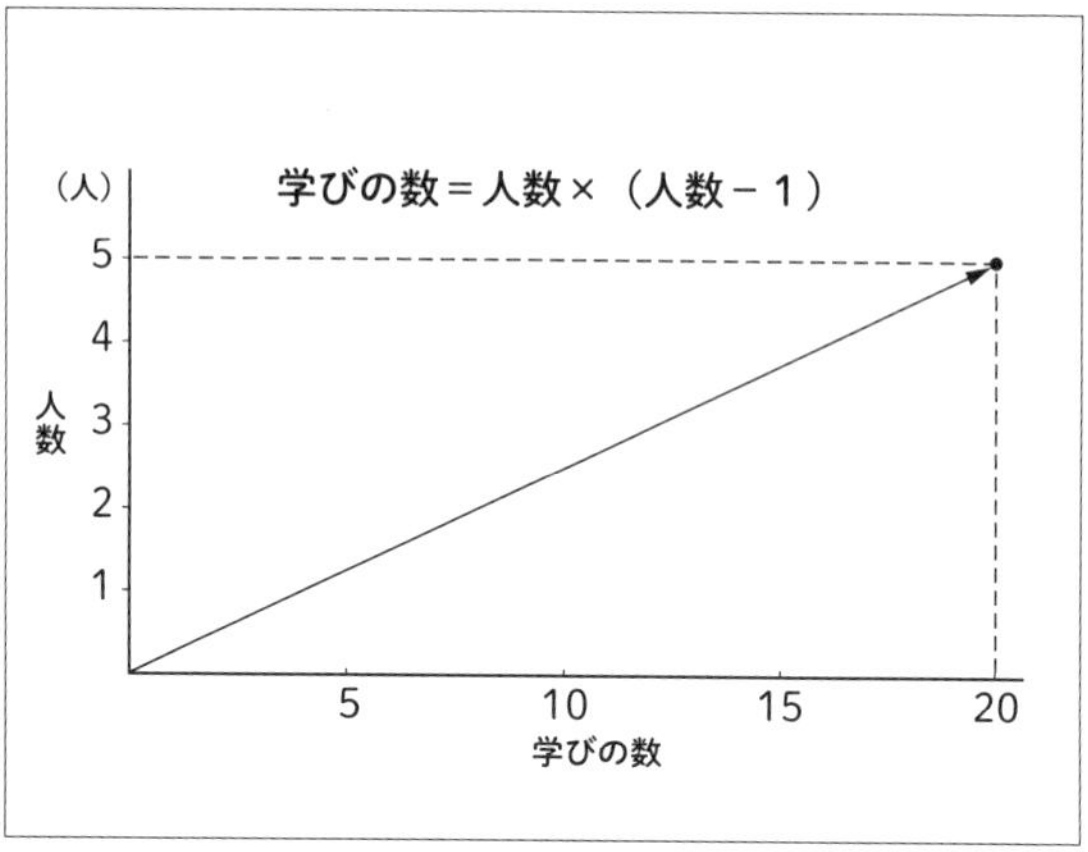

（監修　日本図解協会）

ます。

実際に、とある不動産会社では営業所間の学び合いが自然発生しています。その成長スピードたるや目を見張るものがあります。

学び合いが起きるとチームは加速度的に賢くなっていきます。具体的には次のようなことが起こります。

○わからないことを放置しなくなる

上司だって忙しいはずです。そんな上司をつかまえて聞くのは気がひけるものです。申し訳ないと思って聞かずに済ませてしまうこともあると思います。ところがその場で解決しないとその先の成長に悪影響を及ぼします。私が三角関数を解けないのは、私の頭が悪いからでも三角関数が難しいからでもなく、わからないことを放置した結果なのです。

仲間は何人もいるし気軽に聞けるので、その場でわからないことを解決しやすいのです。その後の成長に大きな好影響を与えます。

○教えた側が一番学ぶ

人は教えた時に最も学ぶと言われています。アメリカ国立訓練研究所によると、**人は講義で聞いたことの5％、読書の10％、見たり聞いたりしたことの20％、実演を見た場合でも30％しか学習しない**そうです。

ところが一方的にインプットした場合と違い、**グループ討議をした場合は50％、自ら体験した場合は75％、そして人に教えた時は90％を学ぶ**ことがわかっています。

つまり本書を読んでも3日もすると90％を忘れてしまうのです。それを防ぐためには本書の内容をマメに友人などに宣伝、いえ、教えることが有効なのです。

学び合いが起きると、一人ひとりが時に生徒になり、時に先生になります。

かくして加速度的に賢いチームになるのです。

○学び合いで情報交換ができる

人は基本的に真面目な生き物です。しかし、それゆえに自分の責任を果たそうとするあまり自分のことしか見えなくなってしまいがちです。全体が見えない「タコツボ状態」に陥ってしまいます。ところが仕事は全体の流れ、個と個の繋がりで成果を上げますので、一人ひとりが全体を俯瞰し、全体の最適化を図ることが大切です。

仲間同士の学び合いはその良い機会になり、その結果全体を観る視点が身に付きます。

一人ひとりが全体を観ることは指示ゼロ経営の肝になりますので、もう少し詳しくお伝えします。

仕事の成果は「ボトルネック」で決まる

ボトルネックという言葉をご存知でしょうか？　よく「ネックはここだ」なんて使い方をしますよね。「ボトルの一番細い部分（ネック）」のことを指します。ペットボトルの栓を開けた状態でひっくり返すと水が流れ落ちますが、その量を決めるのは一番細いボトルネックなのです。

これを企業経営に応用したのが「ＴＯＣ理論」です。

会社にもボトルネックがあります。

例えば、次のような工程で商品をお客様に届けている工場があるとします。

「材料仕入れ」→「製造」→「包装」→「販売」

各工程の1日あたりの処理能力は次の通りです。

「材料仕入れ」＝10「製造」＝8「包装」＝5「販売」＝11

こうして見ると売りに力を入れている会社のようです。

包装が5しかこなせないのは設備の問題ではなく人員が足りない、あるいは作業効率が悪いこととします。

さて、ここで問題です。

この会社は1日あたり何個お客様にお届けできるでしょうか？

そう！「5個」ですよね。

一番弱いところで成果が決まるとはこういうことです。さらに付け加えると包装の作業場には山ほどの未包装の製品が積まれているはずです。製造のところにも材料在庫がたまっているでしょう。販売はヤル気満々なのに、売るものがなくてイライラしていることでしょう。

このモデルの場合、包装以外の部署が仕事量を5に減らしても成果は変わりません。

サボっても変わらないのです。いやむしろサボった方が在庫が減り経営は良くなります。

このように仕事は繋がりと流れで成果がつくられますが、これが見える化できていないと誤った手を打ってしまいます。

例えば、社長がこんな発破をかけます。

「ウチの力はこんなもんじゃない！　もっと売れるはずだ！」

みんなが頑張ります。

すると在庫はさらに増え、包装チームは悲鳴を上げ販売員はさらに苛立ちます。流れが最適でないところでみんなが頑張ると余計におかしくなるのです。

では、どうすれば良いでしょうか？

包装以外の工程は仕事量を減らし包装を助けに行けばよいのです。包装部署の設備が最大活用されるようにすることです。

工程		材料仕入	製造	梱包	販売	実際の販売能力
処理能力	改善前	10	8	5	11	5
	改善後	8	8	8	8	8

（監修　日本図解協会）

その結果、仮に包装が８通せるようになったとしたら成果は1.6倍です。

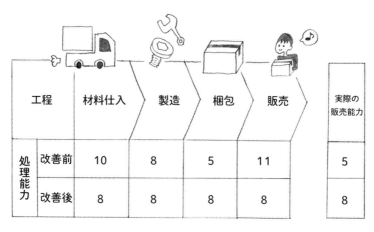

指示ゼロ経営になるとスタッフ間の交流が活発になります。情報交換も密に行われるようになるし人間関係も深まります。つまり一人ひとりが全体を観られるようになり、誰に言われなくても助け合うようになりボトルネックが解消されるのです。

私にＴＯＣを教えてくれたのは一緒に「株式会社たくらみ屋」という会社を立ち上げた森本繁生さんです。森本さんはＴＯＣの国際インストラクターなのですが、ある日「ＴＯＣを導入した会社から指示命令、管理がなくなる」ことに気づきました。
そこでネットの検索窓に「指示のない会社」というワードを入れたところ、私のブログにたどり着き意気投合し一緒に仕事をすることになったのです。

リーダーが「集団に」関わることで仲間内の学び合いが活性化する。
よって「三人寄れば文殊の知恵」が生まれる。
ボトルネックが解消される。

「集団に関わる」ことについてのQ&A

「集団に関わる」ということをお伝えすると必ず受ける質問があります。

Q：「部下が1人か2人しかいない時はどうするの？」

「ウチは社員が2人しかいなくて自分もメンバーみたいなものなんです。3人で協力してやっているのです。その場合、私は抜けて2人の集団に関わった方が良いのですか？」

A：そんなことはありません。部下の数が少なく自分がプレイングマネージャーの場合は「自分を含めた集団」で進めて行って問題ありません。ただし注意が必要です。上司が全部を仕切って部下が思考停止にならないようにすることです。肩書きは社長、上司でも、チームで仕事をする時は、上も下もないパートナーとして関わる意識が大切だと考えています。

Q：「知識を持っている人がチーム内にいない場合、学び合うことができないのでは？」

A：まったく新しい知識や技術が必要な場合は、まずは教える必要があります。その場合は全体に対し指導します。必要であれば個別指導もしますが、その後は集団で学び合ってもらうようにします。

指示ゼロ経営はつくろうと思うとつくれなくなる

ここまでお読みになった方の中には「早く指示ゼロチームをつくりたい」と思っておられる方もいると思います。

ところが、ここに大きな注意点があります。気をつけないと頑張れば頑張るほど指示ゼロ経営から遠のきます。

どういうことでしょうか？　こんな経験はありませんか？

あなたが研修に出た翌朝のことです。研修で学んだことが刺激的で「早く自分のチームで取り入れたい」とワクワク、ウズウズしています。そして朝礼で興奮気味に熱く語ります。ところがそれを聞いた部下の多くは、熱くなるどころかシラーっと冷めた表情であなたを見ている……、言葉にこそ出しませんが部下はこう思っているのです。

やれやれ、また始まったよ。いつも無責任に思いついたことを言うんだよね……。

まさに「ひとり相撲状態」です。会社を良くしようと思って学んできた、良くしようと思って提案したのにシラけた顔をされたら悲しいし腹が立ちますよね。でも、これは部下のヤル気の問題ではなく**「集団の特性」**なのです。

人の集団は自然とエネルギーバランスを取ると言われています。極端にポジティブな人が出ると、それを中和するようにネガティブな人が現れるのです。いつもはポジティブなのに自分よりポジティブな人がいると大人しくなってしまうという経験は誰にもあると思います。

特に自律型組織はこの傾向が強いです。そもそも自律的というのは外部からの影響ではなく、自分たちの力で作り上げる状態を言います。なので上司が頑張れば頑張るほど自律型組織は遠ざかってしまうのです。

これが**「作ろうと思うと作れなくなる」**ということです。

指示ゼロ経営は「なる」もの

自律的という性質を考えると「作る」ではなく「なる」と考える方が自然です。

これは料理で例えるとわかりやすいと思います。

例えば「今夜の晩ごはんは野菜炒めを作る」と決めたとしましょう。そのために必要な食材を買ってきてレシピ通りに作ると野菜炒めができます。誰がやってもできるし品質にもさほど差はありません。これが作るという発想です。ビジネスパーソンが得意とする戦略的な発想です。

対し「なる」というのは発酵食品です。発酵食品は乳酸菌の作用で旨味が出ます。例えば、ここで再び野沢菜漬けに登場してもらいましょう。心が痛いですが…。ウチのカミさんは毎年12月になると野沢菜を漬けます。農家から安く買った新鮮な野沢菜をしっかりと洗い、樽に入れ塩を振り昆布と鷹の爪を散りばめます。そして重石を乗せて…**「あとは待つだけ」**とカミさんは言います。

そう、**待つと「なる」**のです。

そして1か月ほどして試食します。すると年によって微妙に味が違うのです。それは環境（気候など）に合わせて乳酸菌が最適な働きをするからです。

環境を整え待つ。

これが秘訣です。カミさんはこの道15年以上のベテランですが初めて漬けた年は大変でした。重石を乗せて1週間も経たないうちに心配になり蓋を開けてしまうのです。ちょっと舐めてみて「塩分が足りないかも?」とまた塩を振ってしまう。また1週間もするとまた開けて「発酵が進んでいない」と言ってザラメを振りまくのです。作るという意識が強いと待てずにあれこれと手を加えてしまうのです。これから頑張ろうと思っている乳酸菌は大パニックですよね。そしてとても食べられたものではない代物ができあがるのです。

同じことが職場でも起きます。部下が課題解決に向かって自律的に動き出そうとしているところに上司が塩やザラメを撒いてしまうのです。「こうしたほうが良いよ」とアドバイスをしたり「それでは失敗する」とケチをつけたりと。自分が作るという気持ちが強いと指示ゼロ経営にはならないのです。

「なる」と信頼して待つ。

そんな心構えが大切なのです。

「なる」までのプロセスはどんなものか？

指示ゼロ経営は発酵と同じで一瞬でなるものではありません。段階を踏んでなっていくものです。しかも最高の調和が生まれるまでには何回もの不調和を経ます。このプロセスを知らないと「全然良くならないじゃん…」とガッカリして諦めてしまいます。なのでプロセスを知ることが大切です。

さて、プロセスをご紹介する前に心得なければならない大原則があります。

人の集団は、課題解決に向かい「自律的に」役割を決める力を持っている。

先ほどご紹介した「お母さん不在のトイレ事件」のように、人の集団は上司の仕切りがなくても自分たちで最適な役割を決め行動する力を持っています。その力を信頼できなければ待つことができません。

それを手軽に体験できるワークがあるのでご紹介します。「並べ替えゲーム」と言って10人ほどいればできるゲームです。私のセミナーでは自律型組織を身体で体感してもらうために行っています。

やり方は簡単です。まずはランダムに1列に並んでもらいます。そしてあるルールに基づき並べ替えをします。例えば「背が低い順に並べ替える」といったものです。それを2回行います。1回目は指示100で、2回目は指示ゼロで。

私がセミナーでやる時のルールは、1回目は「誕生日が早い順」、2回目は「名前の五十音順」です。

1回目では誰かひとりの方にリーダー役を名乗り出てもらい、リーダーの指示にしっかりと従い行動してもらいます。勝手な判断で動くことはできません。例えばリーダーが「1月生まれの人は手を上げて」と聞き、彼ら一人ひとりに誕生日を聞き並び順を指示します。

指示100でやった場合、30人いれば5分ほどかかります。またメンバーは自分で考えないのでリーダーが間違えても気づかないことが多いです。

2回目の名前の五十音順での並べ替えは指示ゼロで行います。誕生日（数字）より

リーダーが指示を出す「指示100」の並び替えゲームの場合

も少し難しい課題です。

「2回目は指示を出す人がいませんので、自分にできることを一人ひとりが考え行動してください。さ、どうぞ！」と伝えます。

するとどうなるか？　これまで例外なく指示ゼロの方が早く正確でした。時間は約3分の1になります。間違えたこともほとんどありません。

指示ゼロ経営を手軽に体験できますので、ぜひ職場でやっていただきたいと思います。そして「指示ゼロ経営になる」プロセスを観察していただきたいのです。

「さあ、どうぞ！」とスタートすると

リーダーは何もしない「指示ゼロ」の場合。メンバーが勝手に動き出す

突然の無茶ぶりにみんなオロオロします。

しかし、すぐに自律的に役割を決め集団が目的達成のために動き出すのです。

そのプロセスは次の通りです。30人の集団で行った時の様子でご紹介します。

1、真っ先に行動を起こすイノベーターが1～2名現れる。手を挙げて自分の名前の1文字目を大きな声で伝えます。

2、イノベーターを見て同じような行動を取る人が3～4人ほど現れる。

3、残った人が一気にその流れに乗り全体が動き出す。

この動きがわずか数秒間で起こります。メカニズムを知らない人が見ると何が起きているかわからないでしょう。混沌とした集団にしか見えないようです。しかしちゃんと秩序はあるのです。

そう、指示ゼロ経営は「秩序ある混沌」なのです。

トップダウンでは秩序は上司が作りますが、指示ゼロ経営では集団内で自然発生的に生まれます。なので課題に直面すると初めのうちはチームが「動物園状態」のように賑やかになります。

チーム内に自然発生する3つの役割

人の集団は課題に対し自律的に役割を決める力を持っています。その役割は大きく分けて3種類あります。

リーダー役
フォロワー役
ギャラリー役

これらは自然発生するものなので、どれが良くてどれが悪いというものではありません。評価はご法度です。

リーダーに「集団と関わる」という視点がないと、リーダー役の人をやたらと褒めたり、ギャラリー役に「もっと積極的になれ」と注意してしまうことがあります。それは意味のないことなのです。必ず３つの役割が出るのですから。

ちなみにそれぞれに「役」と付いているのは肩書き上の役職と区別するためです。

リーダー役

チームが上司の指示命令がない状態で課題に直面すると、まずは真っ先に行動を起こす「リーダー役」が登場します。「並べ替えゲーム」のように一瞬で現れることもありますし、会議などでは数分間がかかることもあります。その場合しばらく沈黙が流れますが待つと必ず現れます。課題によってリーダー役は変わることがありますし、途中で違う人にバトンタッチすることもあります。その時の状況で変わるのが指示ゼロ経営の特徴なのです。

フォロワー役

リーダー役が動き出すとそれに続くフォロワー役が現れます。フォロワー役も真っ先にフォローする人としばらく経ってから動く人がいます。徐々に伝播していくイメージを持ってください。

徐々に、徐々に……そして全体の15%～20%に伝播すると、その後は一気にフォロワーが増えます。

ギャラリー役

チームには少し離れたところから冷静に観る役割も必要です。その役割をギャラリー役といいます。ギャラリー役は縁の下の力持ちです。例えば発言を記録したりまとめたり、自分は発言しなくても仲間が発言しやすいように配慮します。

また時には突然、身も蓋もないような反論をすることもあります。これも大切な役割です。みんながカンカンに熱くなって間違った方向に進むのを止めるからです。

ギャラリー役は集団の中に20％ほどいます。一見すると積極性に欠けるように見えますがとても重要な存在なのです。ギャラリー役も含め健全な集団だという認識が大切になります。

集団はバカにもなる〜「銀だら事件」はなぜ起きたのか〜

さて、人の集団は課題に直面すると3つの役割が自然発生的に出るわけですが、その質によって集団は賢くもなるしバカにもなります。

まずはバカになるケースから見ていきましょう。

「独裁的なリーダー役」「思考停止、馴れ合いのフォロワー役」「無関心なギャラリー役」

この3役が揃うと集団はバカになります。この状態を、言い方は悪いですがここでは**「バカの3役」**と呼ぶことにします。

まさに「銀だら事件」が起きた時のうちの会社です。普通に考えれば「信州味噌で漬けた銀だらの西京漬け」がいかにおかしな商品であるかわかるはずです。しかし誰も反対する者は出ませんでした。みんなが催眠術にかかったようなうつろな目で「良いと思います」と言っていました。私だけがイッちゃった目をしていたのだと思います。

私以外は全員傍観者だったのです。

この状態では「リーダーがAと言えばチームの答えもA」となります。

リーダーが賢ければ良いのですが、リーダーがバカだとチームもバカになってしまいます。しかしどんなに賢いリーダーでも、今の時代においてずっと正解を示し続けるのは難しいと思います。

独裁的なリーダー役がいなくても集団がバカになるケースもあります。「村社会」です。自由な発言がしづらい雰囲気がある集団です。特定の独裁者こそいないけれども「空気」が独裁者の役割を果たしています。集団内にみんながみんなに変な気を遣い自由に発言できない、とても肩が凝る集団です。

村社会では最大公約数的な答え、「AでもありBでもある」という無難でつまらないアイデアしか出せません。

では、バカの3役はどうすれば防げるのでしょうか。

それを考える上で基礎になる考え方があります。

集団の状態は「全員で」つくり出した現実。「誰かが悪い」という発想は捨てる。

バカの3役の中で上司が一番気になるのは「無関心なギャラリー役」だと思います。

そこで「こいつが悪いのか」と注意をしたとします。すると大体こうなります。

上司：「Aさん、ダメじゃないか。自分には関係ないという態度が一番良くないぞ」

Aさん：「課長、そうは言いますけどね、Bさんがいつも独りよがりで我々はやってられないよ、となりますよ」

そこで独りよがり、つまり「独裁的なリーダー役」のBさんを注意します。するとこうなります。

上司：「Bさん、もっとみんなの意見を聞かなきゃダメだぞ」

Bさん：「いや、そう言いますけどね、Aさんを始め、みんなヤル気がないから私ひとりが頑張っているんじゃないですか」

これが「集団の状態はみんなでつくり出している」ということです。

犯人探しには意味がありません。よく「すべての責任は上司にある」と言われます。確かに最終責任は上司にあります。しかし指示ゼロ経営ではチームの状態は一人ひとりが責任を負います。そもそも上司ではなく「自分たちの」影響力でチームを盛り上げるのが自律型なのだから。なのでメンバー全員が主体者となる必要があるのです。

賢い集団にはどんな役者がいるのか

賢い集団には**「民主的なリーダー役」「積極的なフォロワー役」「縁の下の力持ち的**

なギャラリー役」の3役がいます。

さらにこの3役を細かく分けると7の役者が登場します。これらをリーダーだけでなくメンバーも理解することが大切です。役者を知らなければ演じようがないですからね。

「賢い集団のなるための7つの役者」

それでは7つの役者にご登壇いただきましょう。

「イノベーター」

先ほどの3つの役割の「民主的なリーダー役」です。その名の通り、課題解決に向けて真っ先に発言したり行動する人です。集団の中に1~2%存在します。彼らの特徴は損得勘定だけでなく意義や好奇心、ワクワク感といった感性で動くことです。iPhone の発売1週間も前から寝袋持参で並ぶような人たちです。イノベーターは社長や上司であることもありますし、部下の中から出る場合もあります。

■ 賢い集団になるための７つの役者

イノベーター

課題解決に向けたアイデア出しや行動を「真っ先に」行う役割

積極的なフォロワー

イノベーターに続き課題解決に向けたアイデア出しや行動を積極的に行う役割

求めニスト

課題解決に向けたアイデア出しや行動を「周りに求める」役割

深めニスト

発言内容の疑問点を尋ねたり説明を詳しく行い、話し合いの内容を深める役割

まとめニスト

それまでの話し合いや発言を総括したり要約し、その後の話し合いをやりやすくする役割

合意確認

それまでの話し合いや発言について、メンバーに「これでいい？」と合意を確認する役割

反論者

「それは違う」と思った時に、空気を読めないヤツと思われても勇気を出して反論し良い結論に導く役割

「積極的なフォロワー」

3つの役割の「積極的なフォロワー役」です。イノベーターに続き発展的な発言をしたり行動をする人です。イノベーターの言いなりになるのではなく、自分の考えで行動することができます。彼らの中には初期の段階で参画する人と、ある程度話が進んでから参画する人がいます。多くの人はイノベーターではなくフォロワーの姿を見て参画するかを決めますので非常に重要な役割です。

ここから先は3つの役割の**「縁の下の力持ち的なギャラリー役」**です。

「求めニスト」

話し合いに積極的に参加できる人ばかりではありません。実は黙っている人ほど思慮深く素晴らしい考えを持っていることがあります。そんな人に「〇〇さん、何かないですか？」と意見を求める存在は課題解決に欠かせません。求めニストがいないと発言をしない人が「積極性がない」と悪者扱いされてしまうことがあります。

「深めニスト」

話し合いには広がりと深まりの両方が必要です。自由に発言できる雰囲気があるとヒラメキを口にする人も出ます。ヒラメキは確固たる根拠があって口にしたものとは限りません。そのアイデアに対し「それって、こういうことですよね」と補足をして深めたり「こういうことですか？」と質問を投げかけ深める人がいると議論は本質に迫っていきます。

「まとめニスト」

議論が活性化すると、つい全体像が観えなくなってしまいます。気付くと「何を話し合っているのかわからなくなっていた」という事は多く起こります。それを定期的にまとめ、みんなが全体を俯瞰できるようにする役割が「まとめニスト」です。

「合意確認」

話し合いの途中や最後に「みなさん、これで良いですか？」と合意を確かめる役割です。

「これで良いですよね？」ではなく、ちゃんと確認することが大切です。集団は空気に流されやすいものです。流れができると異論を唱えづらくなります。そんな時に、一旦空気を止め冷静な判断ができるようにするために「合意確認」が必要になります。

「反論者」

この役者がいないと「銀だら事件」が起こります。集団は声の大きな人になびきやすいものです。反論者は自ら積極的に発言する場合もありますし、「求めニスト」に振られて、あるいは「合意確認」の際に反論することもあります。反論者は「議論に水を差すヤツ」「空気が読めないヤツ」と思われがちです。だからこそ集団がバカにならないための重要な役者であることを全員が知っている必要があるのです。

以上が**「賢い集団になるための7つの役者」**です。少人数の場合はひとりのスタッフが何役もこなす事があります。大勢の場合は何人かでひとつの役者を担当することもあります。

さてこの7つの役者がイキイキと活躍するためにはチームが居心地の良い健全な場である必要があります。ギスギスした緊張があっては役者は活躍できません。そこで賢い集団にはメンテナンス役も必要になるのです。

メンテナンス役にも7つの役者がいます。

「チームが安心安全な場になるために必要な7つの役者」

では7つの役者に登壇していただきましょう。

この役者が揃うと話し合いのテーブル上に多くの意見、アイデアが出て集団は賢い選択ができるようになります。

「励ましシスト」

仲間の発言に対し「それ良いね！」とか「なるほど！」といったエールを送る人がいるととても発言がしやすくなります。発言が増えると課題解決のアイデアがたくさん出るのでこの役割はとても重要です。

「対立の緩和」

「反論者」がいないと集団はバカになります。ところが反論には対立がつきものです。そんな時に間に入って対立を緩和する人がいると、チームは根気よく話し合いを続けることができます。

■ チームが安心安全な場所になる７つの役者

励まシスト

他人の発言や行動に対し「いいね！」のメッセージを投げかけ場を盛り上げる役割

対立の緩和

チーム内の対立、衝突を和らげたり未然に防ぐ役割

交通整理

みんなが発言できるようにメンバーの発言を抑えたり促進したりする役割

気分の見える化

メンバーの感情や集団内に漂う雰囲気を言葉でまとめ全員と共有する役割

いきづまり打破

煮詰まり・対立などによるいきづまりを打破すべく妥結案や調停案を出したり、自ら「助けて」と援助を求める役割

会議進行法のチェック

話し合いのやり方が、みんなにとって納得できるか、別のやり方がないか確認する役割

信頼して見守る

集団は賢く、集団には自律的に課題を解決する力があることを信頼して見守る役割

「交通整理」

話し合いでは特定の人ばかりがしゃべっていることがあります。声の大きな人に流されてしまうこともあります。それでは集団が賢い判断をすることができません。そんな時に発言を抑えたり促したりする交通整理のような役割がいるとみんなが参画できるようになります。

「気分の見える化」

人は気持ちに向き合うと心が落ち着きます。例えば重い病にかかった人には「頑張って」と声を掛けるよりも「怖いよね」「辛いよね」と言った方が楽になってもらえます。チームで議論をすると、時に重い空気が漂うことがあります。そんな時にみんなの気分を言葉にすることで気持ちが落ち着きます。

「いきづまり打破」

話し合いが煮詰まった時の重い空気を打破する役割です。具体的な解決策を提示する人もいますし、策はないけれども勢いで打破する人もいます。サッカーの試合などで行き詰まった時に投入される元気の良い選手みたいなものです。私のイメージではサッカー元日本代表の中山雅史（ゴン）さんです。

「会議進行法のチェック」

会議は話し合いのやり方で良くも悪くもなります。それを司る役割です。進め方を確認してそれがみんなが納得できるか、もっと違う方法がないかと確認をします。

「信頼して見守る」

指示ゼロ経営のリーダーの立ち位置です。メンバーの数が1人か2人の場合はリーダーも話し合いの輪に入りますが、それ以上の場合は一歩引いたところで見守ることが多くなります。その時の心構えが集団に影響を与えます。不思議なものですが**「信頼して見守る」という気持ちは伝わるものです。**

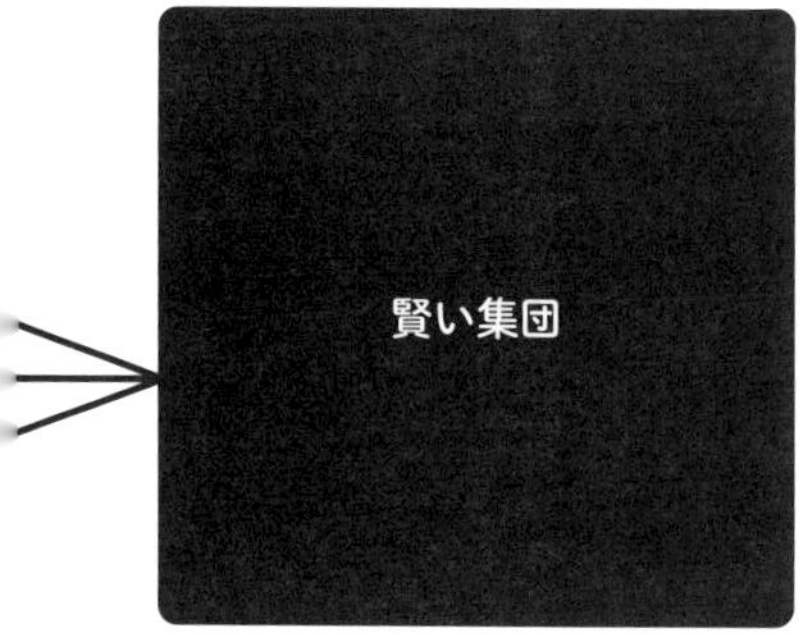

賢い集団になるための7つの役者と、安心安全な場になるための7つの役者、計14の役者が揃いちゃんと機能する（役者のフリではなく）と、集団はと

■ 賢い集団になる役者たち

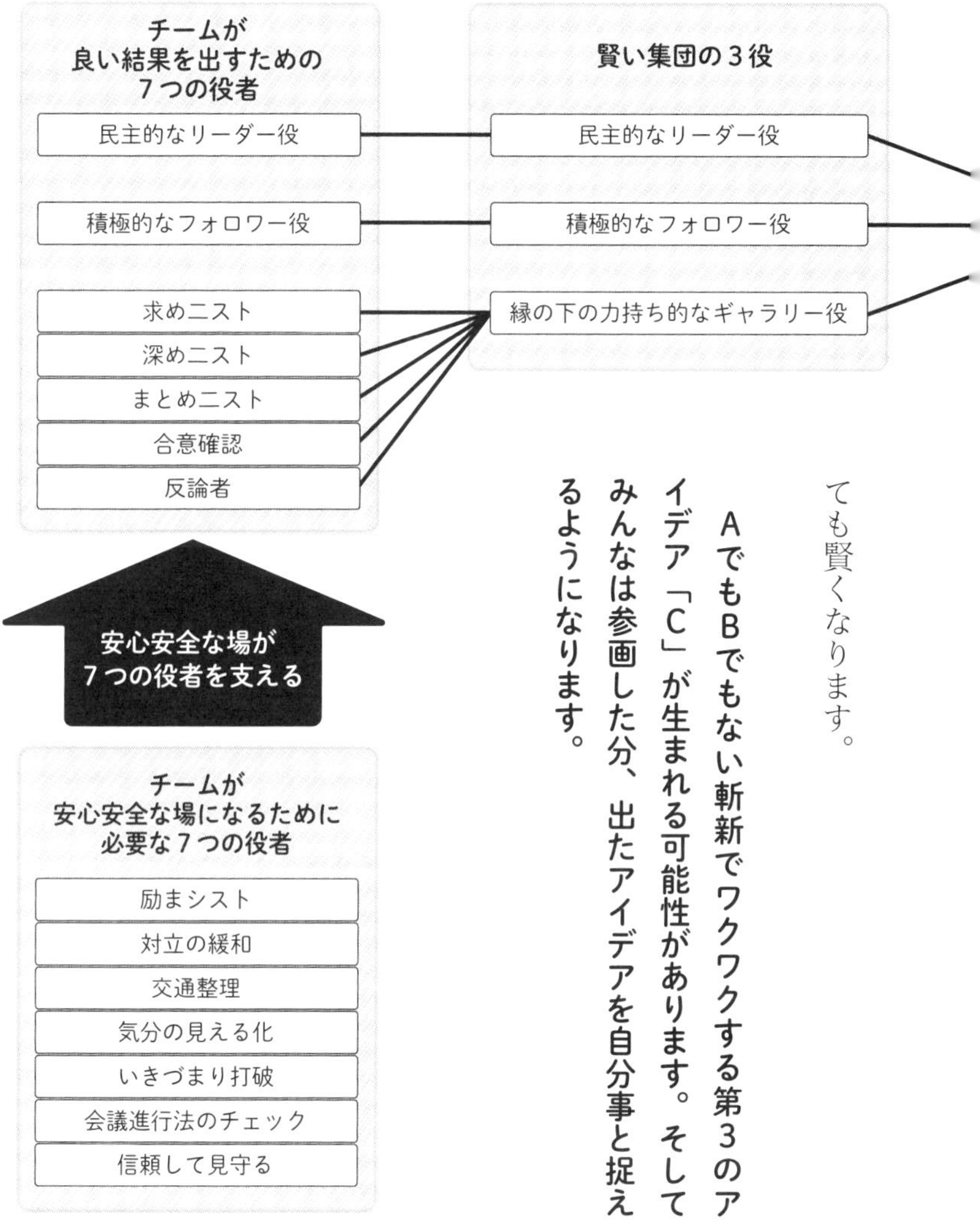

ても賢くなります。

AでもBでもない斬新でワクワクする第3のアイデア「C」が生まれる可能性があります。そしてみんなは参画した分、出たアイデアを自分事と捉えるようになります。

それぞれの役割を持った役者が揃っていると賢い集団になる

■ 理想の会議の流れ

◯イノベーターの意見に盛り上がるが、途中で反論者が出て、
そこから議論が本格化するケース

イノベーター　励ましスト　積極的なフォロワー　反論者　対立の緩和　会議進行法のチェック

交通整理　積極的なフォロワー　深めニスト　まとめニスト　合意確認

◯最初に沈黙が流れて、それを打破するイノベーターが現れるケース

気分の見える化　いきづまり打破イノベーター　励ましスト　積極的なフォロワー　深めニスト　反論者

対立の緩和　会議進行法のチェック　積極的なフォロワー　まとめニスト　合意確認

指示ゼロリーダーは
集団を信頼して見守る

○イノベーターに対しいきなり反論者が現れるケース

○最初の沈黙を受け、会議の進め方を先に決めるケース

○途中で対立が起こり場が動かなくなるが、そこからリカバリーするケース

■ 悪い会議の流れ

△みんなが発言できるように配慮しなかったために最後に反論者が出るケース

イノベーター　励ましスト　積極的なフォロワー　励ましスト　深めニスト　まとめニスト　合意確認　反論者

×無難な議論しかできない村社会

気分の見える化　会議進行法のチェック　義務で発言　何でも良い　義務で発言　何でも良い　テキトーにまとめる　合意確認

×衝突が絶えない混乱状態

イノベーター　反論者　反論者　対立の緩和　反論者

×一部のメンバーだけで盛り上がり、話が決まってしまうケース

イノベーター　励ましスト　まとめニスト　独裁的イノベーター

×独裁的なリーダーのひとり相撲状態

イノベーター　イノベーターによる説得　イノベーターによる強行

役者の特徴は言葉だけでお伝えしてもわかりづらいと思いますので簡単なマンガにしました。よくあるケースをご紹介していますが、あくまでも事例です。実際はこんなにシンプルには行きません。

イメージをつかんでいただければと思います。◯は高質な議論、△は惜しい議論、×は集団がバカになる議論を意味します。

いかがでしょうか。役者の特徴を読みながら気付いたのではないでしょうか。

「あ、この役者、いつも部下の◯◯さんがやってくれているな」

部下の顔が何人も浮かんだのではないでしょうか。全部の役者が網羅されていなくても、日頃から何かの役者を演じてくれている部下が何人もいると思います。

そう、あなたのチームにはすでに指示ゼロ経営の土壌が備わっているのです。

それでは今からその土壌をさらに豊かにしていきましょう。自分たちの力で賢いチームをつくるためのワークをご紹介します。

この章の最後にある「創発カード」をコピーし切り抜いてご準備ください。

「自分たちの力で」賢いチームにするトレーニング

賢いチームには14の役者がいて、それを誰に指示されるわけでもなく「自分たち」で揃える力があります。そのためには14の役者を知らなければなりません。そしてミーティングなどの集団活動の後に、自分たちで役者が揃ったかをチェックする必要があります。「集団の状態はみんなでつくり出した現実」ですので、セルフチェックでしか成長しないのです。

トレーニング法をご紹介します。

指示ゼロ経営になるための重要なトレーニングですので、ぜひやってみてください。

方法は簡単です。

①チームにお題を与え「上司が仕切らず」話し合いをしてもらう。

②話し合いの後に、「賢い3役」と「バカな3役」の説明をする。
③創発カードを並べ、誰がどの役者をやったかを確認する。
④みんなで話し合って決めた時に、どんなことを感じたかを発表する。

さて、まずはチーム編成です。人数は6人〜8人くらいがベストです。少人数（3〜4人）だと上手く行き過ぎてトレーニングにならないからです。

次にお題の設定です。どんなお題でも良いのですが、せっかくなので指示ゼロ経営導入に繋がるものにしましょう。

お題：「なぜ、今の時代に指示ゼロ経営が求められるのか？」
ルール：「チームとしての見解をまとめる」

ワークをやる前に自律型組織のイメージを掴むために「並べ替えゲーム」をやると良いでしょう。

ただし注意点があります。集団の状態はみんなでつくり出した現実という事実を踏まえ、上司は一切の評価をしないことです。

評価しない。教えない。

さて、まだ十分に自律性が育っていないチームでやるとどうなるでしょうか？

3つの典型的なパターンとその対策をお伝えします。

パターン1

話し合いをスタートさせても誰も口火を切らず沈黙が流れる。沈黙に耐えられずに上司がしゃべりだし、気付くと上司の独壇場になっている。

これは非常に多いケースです。同時に、上司が辛抱し黙っていると必ずイノベーターが現れる典型的なケースです。

上司は「**信頼して見守る**」という役者を担当しましょう。

また3章で詳しくお伝えしますが、会議が安全な場になっていないと発言が極端に減ります。発言がバカにされる、怒られるようでは発言しない方が利口と判断されてしまいます。

パターン2
一部の人間だけがしゃべり、大多数の社員が無関心になっている。

これでは多様な意見、考えがテーブル上に出ずチームは賢い判断ができなくなります。こうなる原因は**「求めニスト」**や**「合意確認」「交通整理」**の役者がいないことにあります。この場合、上司はどのように対応すれば良いでしょうか？　ここで指示ゼロ経営の原則を思い出してください。

「人の集団は、課題解決に対し『自律的に』役割を決める力を持っている」

つまり「役者が揃わなかった」という課題があれば、それを自分たちで解決する力を持っているということです。

そこで上司は評価をせず、答えを教えず「課題だけ」を投げかけます。

「一部の人だけがしゃべっていたよね」と。

これは評価とは違います。評価には上司の解釈が入ります。「一部の人だけがしゃべっていた」というのは単なる事実です。事実を伝え課題を設定するのです。

これを指示ゼロ経営ではこう表現します。

「ケチはつけるが、答えは出さない」

その上でさらに投げかけます。

「どうすればみんなが発言できる場になるかな?」と。

「創発カード」の役者をみんなでチェックすれば、どうすれば良かったかわかるはずです。

ここでも上司は**「信頼して見守る」**役者に徹しましょう。もしチェック時にも同じことが起きたら根気よく愛を持ってケチをつけましょう。

パターン3
「反論者」が出ずに馴れ合いの会議になる。

反論者がいないこともチームがバカになる原因です。と同時に最も立候補に勇気がいる役者です。「空気が読めないヤツ」「議論に水を差すヤツ」と言われる可能性があるからです。

しかし、これもパターン2と同じように「ケチはつけるが答えは出さない」が原則です。

「反論者がいなくて〝なあなあ〟になっていたよね」と。

「チームには反論者の存在が欠かせない」という共通認識ができると反論がしやすくなります。空気が読めないヤツというレッテルが貼られなくなります。議論は格段に活性化するでしょう。

「創発カード」はミーティングをチームの成長の場にするツールです。ちょっと気を抜くとチームはすぐにバカになります。毎回でなくても「ちょっと変だな」と気付いた時にはやってみてください。

さて、このワークによって部下のみなさんは指示ゼロ経営の必要性と、それがどんなものかを身体で感じてくれたと思います。

そして上司であるあなたにはこう付け加えていただきたいのです。

「私ひとりの力には限界がある。みんなの知恵と力を貸して欲しい」と。

チームが成長する3つのステップ

よく**「指示ゼロ経営を導入したら問題が増えた」**という相談を受けることがあります。私はこの相談を受けるとチームが成長している証拠だと嬉しくなります。

どういうことなのかをご説明します。

チームには成長の3段階があります。多くの場合いきなり自由闊達になるわけではありません。「一旦は落ちる」と知ることが大切です。


「村社会」

まず、一番多いのは先ほどご紹介した「村社会」の状態からスタートするケースです。みんなが無難に落ち着き互いに変に顔色をうかがう状態です。「AでもありBでもある」というつまらないアイデアしか出せません。


「戦場」

村社会からスタートし「創発カード」によるトレーニングを重ねると、自由に発言できる風土が育っていきます。と同時に衝突が多くなります。問題提起をする部下が増えるので問題が多くなったように見えます。

これが「指示ゼロ経営を導入したら問題が増えた」という相談につながるのです。

「指示ゼロ経営を導入すると一旦、悪くなる」と覚悟することが大切です。

しかし、ものが言えるだけ村社会よりははるかに健全な状態なのです。

そしてここが正念場です。問題が増えたと思い怖くなり元に戻してしまったらもったいないことです。好転反応だと考えて前に進めてください。

そもそも指示ゼロ経営ではリーダーひとりではなく**「集団の力」**で課題を解決します。

いつも**「人の集団は、課題解決に対し『自律的に』役割を決める力を持っている」**という原則を思い出し、チームの課題としてください。

「生命体」

一旦は衝突が絶えない混乱を経験しますが、それがあるがゆえにチームは役者の必要性を知ります。「衝突の緩和」や「交通整理」の役者です。そしてトレーニングを積むと自分たちで役者を揃えられるチームになります。

こうなると最強です。チームを良くする力がチームの中に埋め込まれるのですから。自律的、持続的に成長していくでしょう。私はこの状態を「生命体」のようだと感じています。チームはもはや上司のコントロールで動くものではなく、あたかもひとつの生命体のように歩み始めるのです。

これで指示ゼロ経営の準備はできました。
続く3章では指示ゼロ経営になるための具体的な方法に移りたいと思います。

コラム

「社長、この事業はもうやめましょう」

「銀だら事件」から私は2つのことを学びました。ひとつは「もう私ひとりが正解を示し続けることができない時代になった」ということ。もうひとつは「人の集団は賢くもなるしバカにもなる」ということでした。

さてそれを学んだ私はどうなったでしょうか。何事も独断で決めずに社員とともに考えるようになったのです。しかしそれは商品開発や販促のアイデアに留め、事業自体は相変わらず私ひとりが発案していました。

銀だら事件の傷も癒え、私は新たな挑戦を決意しました。新聞販売店だからできる新たな事業です。新聞店は早起きです。配達ができます。集金も月に1回必ずしています。そんな強みを活かして地域のお客様に喜ばれることはないかと模索したのです。

その結果、生み出されたのが「早朝のパンの宅配」です。地域のパン屋さんと組んで、朝、焼き立てパンを届けるサービスを思いつきました。しかし単に配るだけでは面白みがありません。そこで「リゾートホテルの朝」をテーマにすることにしたのです。

軽井沢にある、森の中に小さなコテージが点在する素敵なホテルをイメージし、お客様のコテージにルームサービスをお届けするという設定です。

パンの価格帯もリゾートホテルに合わせ、街のパン屋さんの1.5倍以上の値段にしました。パンだけではなく地元農家が育てたルバーブジャムなども商品ラインナップに加えました。

「きっとお客様は朝が楽しみになって早起きしてしまうぞ」と胸が躍りました。そんな時にフラッと寄った書店で「早起きは三文の徳」をテーマした本に出会いました。

少し嫌な予感もしましたが、「神のお告げだ」と思いました。

実際には存在しないリゾートホテルですが、外観から内装までをイラストに起こすという凝りようです。配達車両も特別に軽ワゴンをシトロエンバス風に改造しました。

希少性を出すために完全会員制にすることにしました。

「kotori cafe」

そう名付けました。

スタート直後から地域の話題になり、あっという間に会員数は200人を超えました。ところが250人を頭打ちに伸び悩むようになりました。さらにコストの問題が発生したのです。当初は新聞配達員が新聞と一緒に配る予定でしたが、車両の荷台スペースの都合から専属の配達員を配置しなければならなくなったのです。

しかも早朝の5時や6時にパンを焼き上げるとなると、パン屋さんは夜中から作業を始めなければなりません。数が増えると負担も大きくなります。パンの製造も配達も夜中から早朝となると人件費は高くつきます。

しかし我が社はもう私ひとりの知恵だけで回る会社ではありません。社員とともに改善策を考えあらゆる手を尽くしました。

ところがどんなに改善しても収支がトントンか少し利益が出る程度です。それでも社員は一緒になり真剣に考え続けてくれました。

そんな日々が1年以上続いたある日、会議である社員がこう言いました。

「もう、この事業はやめた方が良いと思う」

ショックでした。業界内からも注目されビジネス誌でも紹介された「新業態」です。私は諦めがつきませんでした。社員の中にも「まだできることはある」と言ってくれる者もいました。

撤退か継続か……、重い会議が何日も続きました。撤退を決めたキッカケは話し合いから出たあるアイデアでした。

「この事業の価値は宅配ではないと思います。むしろ、地元の農家や企業とコラボしていることだと思います。朝のリゾートというテーマは素敵ですが、それにこだわると広がらないしコストの問題も解決しません。地域の人と共にこの地域を良くするというテーマで再考してはいかがでしょうか？」

私は首を縦に振りました。

そして、この瞬間が後に行政から地域づくりを任されるまでに育った新事業が産声を上げた瞬間だったのです。

ずっと後になってのことですが私は思いました。

たとえ社長が発案したことであっても、それに反論する部下がいることが賢いチームをつくるのだと。

反論には勇気がいります。勇気を振り絞ってまで反論したのは、本当に会社を「自分事」と捉えていたからだと思ったのです。

■ 創発カード

※コピーしてお使いください。

イノベーター

課題解決に向けたアイデア出しや行動を「真っ先に」行う役割

目的遂行機能

まとめニスト

それまでの話し合いや発言を総括したり要約し、その後の話し合いをやりやすくする役割

積極的なフォロワー

イノベーターに続き課題解決に向けたアイデア出しや行動を積極的に行う役割

目的遂行機能

合意確認

それまでの話し合いや発言について、メンバーに「これでいい?」と合意を確認する役割

目的遂行機能

求めニスト

課題解決に向けたアイデア出しや行動を「周りに求める」役割

目的遂行機能

反論者

「それは違う」と思った時に、空気を読めないヤツと思われても勇気を出して反論し良い結論に導く役割

目的遂行機能

深めニスト

発言内容の疑問点を尋ねたり説明を詳しく行い、話し合いの内容を深める役割

目的遂行機能

励ましスト
それいいね！
他人の発言や行動に対し
「いいね！」のメッセージを
投げかけ場を盛り上げる役割
集団活性機能

いきづまり打破
煮詰まり・対立などによるいき
づまりを打破すべく妥結案や
調停案を出したり、自ら「助けて」
と援助を求める役割
集団活性機能

対立の緩和
チーム内の対立、衝突を
和らげたり未然に防ぐ役割
まあ、落ち着いて
集団活性機能

会議進行法のチェック
話し合いのやり方が、
みんなにとって納得でき
るか、別のやり方がないか
確認する役割
この進め方で良い？
集団活性機能

交通整理
みんなが発言できるように
メンバーの発言を抑えたり
促進したりする役割
集団活性機能

信頼して見守る
集団は賢い、集団には
自律的に課題を解決する力
があることを信頼して
見守る役割
集団活性機能

気分の見える化
ちょっと不安かな？
メンバーの感情や集団内に
漂う雰囲気を言葉でまとめ
全員と共有する役割
集団活性機能

3章

指示ゼロ経営になる7つの要件

指示ゼロ経営組織のつくり方

3章ではいよいよあなたの会社、チームが指示ゼロ経営になるための具体的な方法についてお伝えします。

指示ゼロ経営は「なる」ものです。環境が整うと自然とできあがります。しかもその環境は全員参加でつくります。2章でご紹介した「役者」を思い出してください。

集団は課題に対し自律的に役割を決め行動する力を持っています。つまり、指示ゼロ経営になるという課題があればその力を発揮するのです。

リーダーの心得はひとりでつくろうとしないことです。**リーダーがひとりで頑張れば頑張るほど、部下はリーダーに依存して自分で考えなくなります。**依存すると仲間と学び合い考えることをしなくなります。課題解決ができる賢い集団から遠ざかってしまうのです。

それでは準備はよろしいでしょうか?

では望みの統合を基にした指示ゼロ経営になる「7つの要件」をご紹介しながら、

ご自身のチームでの具体的な組み立て方を考えていきましょう。

目に見えない「水面下」と目に見える「水面上」がある

まずは全体像を把握しやすくするために図解にしましたので117ページをご覧ください。

これが指示ゼロ経営になる7つの要件です。

現時点で意味はわからなくて結構です。ざっくりと水面下と水面上にわかれているんだと思ってください。

水面下には**「望みの統合」「ひとりも見捨てない」「心理的安全性」**の3つがあります。

水面上には**「ビジョンデザイン」「自己決定」「変化・成果の見える化」「学び合い」**の4つがあります。

まずは水面下の3つの要件を一つひとつ明らかにしていきます。水面下にあるものは他者から見ることができません。スタッフがイキイキと働いている、活発に発言している、チームワークが良い……、こうした目に見える現象の背景には目に見えないチームとしての文化があります。

「望みの統合」
あなたが望むものを部下も望んでいるか？

指示ゼロ経営に対し、時々こんな素朴な質問を受けることがあります。

「何で指示命令をしないのに自発的に動くのですか？」

この質問に対し、私はこう質問を返します。**「これまでの人生の中で他人に言われなくても自発的に取り組んだ経験はないですか？」**と。

部活でも趣味でも勉強でも仕事でも、誰しも自発的に取り組んだ経験があるはずです。

■指示ゼロ経営になる７つの要件

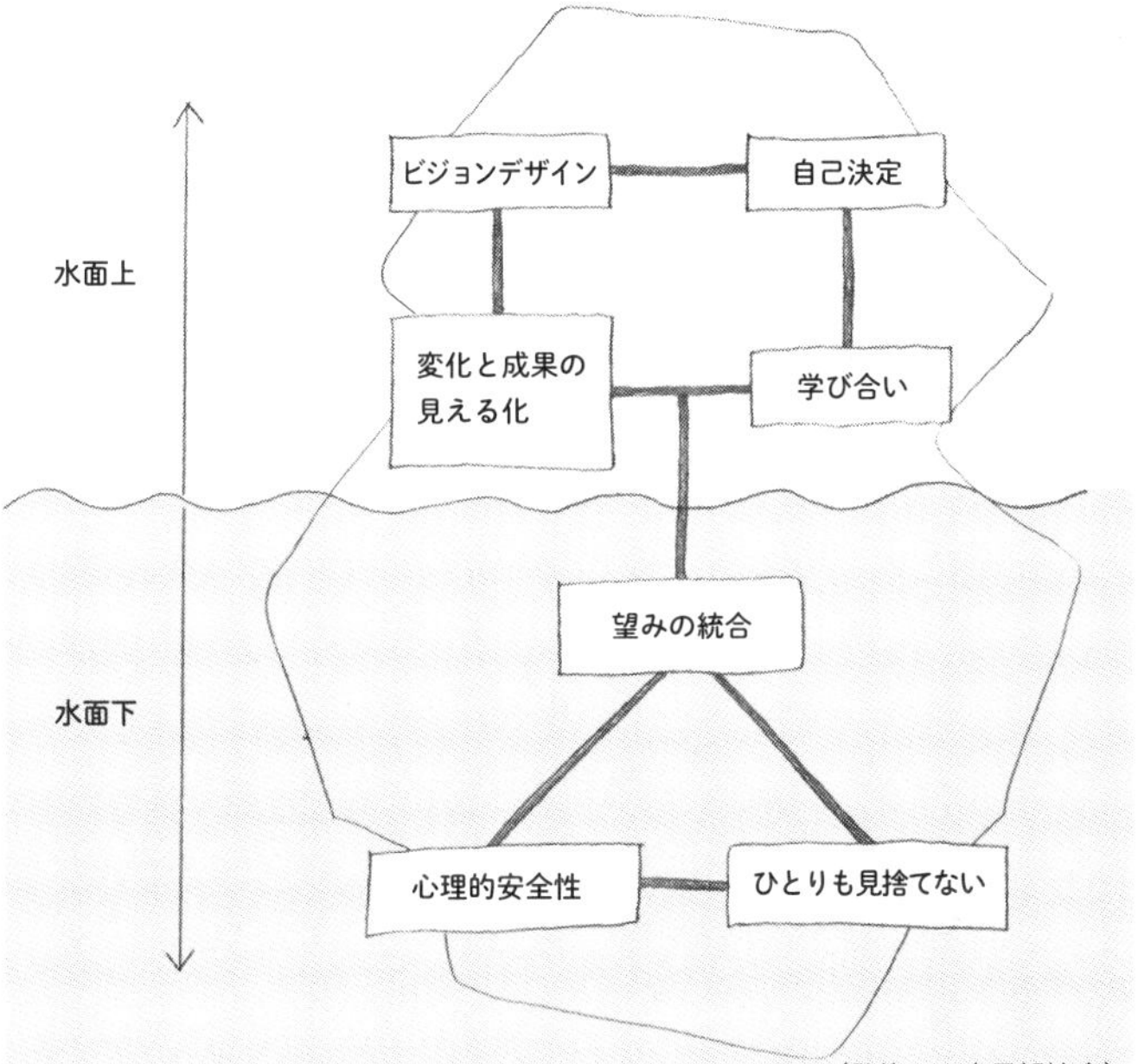

（監修　日本図解協会）

その経験からひも解くと人が自発的に行動する理由が見えてきます。

これまで多くの方にこの質問をしてきましたが、返ってくる答えはだいたい次のようなものです。

「楽しいこと」「意義のあること」「興味があること」「やらないと大変なことになる場合」「自分で決めたこと」

さて、これらに共通するものは何でしょうか？

「自分が望んだこと」

当たり前のことですが、人は自分が望むことであれば自発的に行動します。なので指示ゼロ経営では全員の望みをまとめる**「望みの統合」**が不可欠になります。

例えば、社長が望むことがあるとします。金持ちになりたい、有名人になりたい、社会貢献ができる会社にしたい、人が輝く会社にしたい、どんなことでもOKです。

さて、それを部下のみなさんも同じように望んでいるでしょうか。必要性を頭でわかっているだけでなく**「心から望んでいるか」**です。

もし望んでいなかったら、あるいは反対ではないけれどもあまり関心がなかったとしたら実現は難しくなるでしょう。この状態では部下は会社のことを**「他人事」**と捉えます。会社のビジョンも目標も他人事です。

これは部下の言葉に表れます。部下はこう言うのです。

「会社のビジョン」「会社の方針」「会社の目標」と。他人事な言い方ですよね。

これは指示ゼロ経営を導入する前の私の会社の状態です。「何で部外者みたいなことを言うの?」とイラっとしましたが無理もありません。関心がないからです。なぜ無関心なのかといえば、私（会社）と社員の望みが分離していたからです。せいぜい「仕事が忙しくなるな…」くらいにしか思っていなかったのです。

望んでいない彼らを動かすのは大変です。外部から刺激を加えなければならないからです。

例えば、褒めたりすかしたりご褒美で釣ったりと「加える経営」をしなければならなくなります。

時間も労力もお金もかかりますし、それを維持するのも大変です。

これが部下が同じように望んでいることであればどうでしょうか？

望むことだから指示がなくとも自らの意思で行動します。褒めたり賃金で釣ったりしなくても自発的に行動するのです。力学的に非常に合理的ですよね。

いろいろと加えなくてもよくなりますし、これまで加えてきたものを引いてスリムにすることもできます。

指示ゼロ経営では「望みの統合」がすべてを決めると言っても過言ではありません。

建物でいえば基礎です。基礎がしっかりしていなかったら、どんなに良い素材で作っても立派な建物にはなりません。

望みの統合ができると部下の言葉は変わります。

「我々のビジョン」「我々の方針」「我々の目標」と主体的な言葉を使うようになります。

これを指示ゼロ経営では「我々化」と呼びます。

本章でお伝えする方法は一貫して、望みの統合による**「我々化」**を基礎にしています。

「統合」であり「統一」ではない

「統合」という言葉を選んだ理由は**「統一」**ではないからです。

1章でお伝えしたように以前はジグソーパズルをつくる能力が求められました。「これが正解」という完成形があり、それに向かい統一された行動をとれば成果が出ました。そんな時代では同じ思い、同じ価値観、同じ行動規範を持ち、一丸となることを求めました。

まさに「どこを切っても金太郎飴」です。

しかし価値観を押し付けられたら自由にものが言えなくなります。自由を失うと集団はすぐにバカになってしまいます。


今、そしてこれからの時代には**「統一」**はマッチしないと考えるのです。今は正解がない時代です。生活者が求めるものは多様で正解がありません。

同じように、働く人たちも多様な動機を持っています。多様だからこそいろいろなアイデアが出て、集団として賢い判断ができるし変化にも強くなります。

指示ゼロ経営では統一はしません。その代わり**「統合」**をします。

望みの統合は「働く動機」から始まる

望みの統合は多岐にわたります。例えば賃金もそうです。社長は安く使いたい、社員はたくさん欲しいという分離が起きていると我々化は起きません。あらゆることを統合させる必要がありますが、その中でもベースになるのが**「働く動機」**です。

働く目的、仕事をすることで得たいことは人によって違います。統一なんてできません。

様々な望みを持った人が集まったのが会社です。例えば、私は23年間、新聞店を経営してきて多くのスタッフの望みに触れてきました。

望みに触れる機会は飲み会がメインでした。私は飲み会では仕事の話はほとんどしません。それよりもプライベートな話からスタッフが「何のために働くのか」ということを知るように心がけました。

それにより人によって働く動機がこんなにも違うのだと痛感したのです。新聞店は新聞配達員が最も多く、全体の7割を占めます。彼らのほとんどが「お金のため」と言います。しかしお金は使うためにあります。稼いだお金は何に使うのか、そこを突っ込むとその人の大切にするものが見えてきました。

「子どもの学費」「生活費の足し」「将来の蓄えのため」「家のローン返済」「趣味のため」といった現実的な動機から、「ガッツリ稼いで、昔オレを見下したヤツをギャフンと言わせてやる」なんていうユニークなものまでありました。

中には「自分の個性を発揮して社会に貢献したい」「自分の成長を実感したい」「仲間と何かを成し遂げる悦びを味わいたい」といったロマンあふれる動機も結構ありま

した。

私はスタッフの働く動機を聞いて本当に良かったと思いました。

その理由は2つあります。ひとつは人によって働く目的がこんなにも違うのだと知ったことです。私はそれまでご多分に漏れず自己実現こそが最も崇高な動機だと思い、彼らを統一しようとしていたのです。しかし彼らのリアルな声を聞いた時に統一なんてできないと悟りました。

2つ目の気づきは指示ゼロ経営に大きな影響を与えました。

それは…

「誰ひとり会社のために働いている人はいない」ということ。

みんな自分の人生を豊かにするために、幸せな人生を送るために仕事をしているという当たり前のことに気付いたのです。

これは経営者も同じだと思います。リスクを背負ってまで商売をしている理由は豊かな人生を送るためです。豊かさの定義は人によって違いますが、この事実に変わりはありません。

そしてこの事実をオープンにしないことには、部下は仕事を自分事と捉えることはないと考えています。

いっそ、本当のことを言ってみませんか？

「会社のためではなく、自分が幸せな人生を送るために仕事をしよう！」と。

「一人ひとりが幸せな人生を送るために働く」と統合するのです。

上司が「私だってそうだ」と言えば、部下の心は解き放たれると思います。

しかし、同時に不安もよぎりますよね？

そんなことを宣言したら、バラバラ好き勝手になるんじゃないか。

私も最初は不安でした。しかし宣言してからチームワークが格段に良くなったのです。

一人ひとりが仕事を通じ幸せな人生を送るためには、チームワークを発揮し、組織として成功することが欠かせないからです。

それが指示ゼロ経営になる7つの要件、水面下の2つ目「ひとりも見捨てない」につながるのです。これができて初めて望みは統合されるのです。

「ひとりも見捨てない」

ひとりも見捨てないと聞くとどんな印象を受けるでしょうか？「小学校の道徳の授業みたいだな」と思われる方もいると思います。

しかし、これからお伝えすることは道徳の話ではありません。チームが、会社が逞しく稼ぎ成長するための現実的な話なのです。

現実……そう、究極の「損得」なのです。

誰ひとり会社のために働いている人はいません。自分が幸せな人生を送るために仕事をしています。いろいろな夢や想いを持って働いています。ところがここに抗うことのできない事実があります。

望みはひとりで叶えることができない。

理由はシンプルです。すべての人は不完全な存在なので、たったひとりで望みを叶えることはできません。得意なこともあれば苦手なこともあります。パズルのピースみたいなもので飛び抜けている部分もあればへこんでいる部分もあります。パズルは一つひとつのピースを組み合わせると素敵な絵になります。企業も同じだと思います。誰かのへこんでいる部分を誰かが埋めてくれれば、それをみんなでやれば組織は素敵な絵を描くことができます。

組織の成功なくして個人の成功もありません。いろいろな望みを持った個人が集まったのが会社ですが、みんながバラバラ好き勝手やっていたら組織が成功しません。組織が成功しないと結果的に個人の望みも叶いません。

だからいろんな望みを持っているが、組織として共通の目的・目標を持ち、個性を発揮しながら最高のチームワークでそれを実現し、一人ひとりの望みを叶えていくという構図が必要になります。

逆に「自分には関係ない」という態度の人がいると誰の望みも叶わない悲しいチームになってしまいます。もしかしたら、成長の波に乗っている時代であれば、一部のデキる人が全体を引っ張っていけたかもしれません。でも、正解がなく変化が激しい時代では難しいと思います。「三人寄れば文殊の知恵」と「ボトルネックの解消」を自律的に行うことが求められます。

チームワークは他人事ではありません。会社のためでも上司のためでもなく、一人ひとりの望みを実現するための現実的な実務なのです。

これが理解された時に望みの統合が完成します。組織は最高のチームワークを発揮し大きな成果を上げるようになります。

では、なぜチームワークを「ひとりも見捨てない」と表現するかをご説明します。

チームワークが悪い組織には特徴があります。

□困っている仲間を助けない、助けることが損だと思っている
□そもそもコミュニケーションがなく、仲間が困っていても知らないでいる
□助けたいと思っても時間的なゆとりがない
□自分が困っていても周囲に助けを求めずひとりで抱え込んでしまう

いかがでしょうか。では次にチームワークが良い状態を考えます。

チームワークの良し悪しは次の3つの質問でわかります。

「あなたは、仲間が困っている時に協力してあげましたか？」
「自分が困っている時に、仲間は協力してくれましたか？」
「助けて欲しいが言いやすい雰囲気、ゆとりはありましたか？」

この3つの質問に全員が「ハイ」と答えるチームは、個々の能力の凸凹が素早く補

われ事実上チームから弱点がなくなります。

そして、この状態をひとことで表現するとこうなります。

――ひとりも見捨てない。

繰り返しになりますが、チームワークは最終的には会社のためでも上司のためでもありません。一人ひとりの望みを叶える一番の方法なのです。

「ひとりも見捨てない」は道徳の話ではなく損得の話なのです。

※「ひとりも見捨てない」という概念は上越教育大学の西川純教授が研究、提唱する『学び合い』から多大な影響を受け本書でも使っています。

「心理的に安心安全な場をつくる」

水面下の3つ目は心理的に安全な場をつくることです。集団が賢い判断をするためには、いろいろな意見・アイデアが活発に出ることが欠かせません。そのために自由にものが言える雰囲気が大切になります。

ところが現実はどうでしょうか。こんな経験はありませんか？

会議で偉い人が部下の発言を「目を閉じて」「腕を組んで」聞いている。

誰にも1度や2度は経験があると思います。とても緊張して発言がしづらいですよね。

もしかしたら自分が無意識のうちにやっているかもしれません。そんな上司がいるとこんな風景が見られます。

みんなが下を向いて黙っている。
発言しないから一人ひとり順番に発表させている。

多くの組織で会議がお通夜のようになっています。
下を向いて黙っている彼らは何を思っているでしょうか？

発言が否定されるかも。

バカにされるかも。
怒られるかも。

3つの「かも」から自分の身を守っているのです。発言せずに黙っていることが得策と考えているのです。

なので自由にものが言える安心安全な場をつくることが非常に大切になります。企業の存亡を決める大事だと言っても過言ではないと考えています。

ではどうすれば安心安全な場はつくれるのでしょうか？

これに関してグーグル社で興味深い研究がなされました。2012年に始まった「プロジェクト・アリストテレス」です。同社には100以上の小さなチームがあるそうです。ひとりの人間が複数のチームに所属することもあります。プロジェクトの使命は「成果を上げるチームに共通することは何か」を解明することです。

その結果**「心理的に安心安全な場が確保されている」**という結論に至りました。それは2つの要件から成り立ちます。

存在が脅かされないこと。
素の自分でいられること。

存在が脅かされないというのは**「上司や仲間が自分の存在や発言を認めてくれる」**という安心感です。素の自分でいられるというのは**業務上の別人格でなくプライベートな自分をさらけ出せる**ことです。

創造性が事業の要となるグーグル社において、この発見は非常に価値高いものであったと思います。

この結果を受け、私は話し合いのあり方を調査しました。企業、商工会議所、サークル、ＰＴＡ、老若男女問わず１００以上のミーティングを観察したのです。

その結果、話し合いが活性化しているチームには次の３つの特徴があることがわかりました。

①アイコンタクト
②うなずき

③ 非公式の交流

相手が発言している時は姿勢をそちらに向け、うなずきながら聴くこと。非公式の交流とは職務上の交流だけではなく、プライベートの顔が知れる交流をいいます。

そんな単純なことなの？　と思われるかもしれませんが本当にそうなのです。

アイコンタクトとうなずきをお通夜のようなチームに応用してみたところ、雰囲気が大きく変わることを確認しています。

「発言がしやすい雰囲気はみんなが望むことだと思います。みんなにとって得なことです。そのために相手の方を向き、うなずくようにしましょう」と。

まるで小学校の先生みたいですが、これをするだけでリラックスでき発言がしやすくなります。

反論がある場合も、一旦相手の意見を受け止めてからするので対立感が緩和されます。

プライベートな話は上司から

非公式な交流とは業務上ではなくプライベートな交流です。といっても休日に一緒にキャンプをする必要はありません。互いのプライベートを知るだけで良いのです。

誰しも仕事上の仮面とプライベートの顔を使い分けていると思います。しかしあまりにも素の自分を抑え込むと、心が凝り固まってしまいます。

ところが仕事と私生活を完全に分別することを求める会社は多いと思います。それを率先垂範している上司も多いと思います。もちろん知られたくない自分までさらけ出す必要はありませんが、仮面のない素の自分、自然体でいられることは精神衛生上、そして創造活動をする上でとても大切なことです。

みんなが素の自分でいるためには、まずは上司から自己開示することが大切です。上司が一番仮面をかぶっていますからね。

例えば、私がそうでした。24歳で社長に就任しましたので、当初は「ナメられたら負け」と思っていました。立派な社長であらねばといつも思っていました。そして立派な社長を演じ始めたのです。

例えば、毎朝誰よりも早く出勤してトイレ掃除をしました。質素倹約を重んじマイカーは中古車です。休日も読書に励み、自分の幸せよりも社員の幸せを思う立派な社長の仮面をかぶったのです。

ところが実際はどうでしょうか。休日には家族と中古車ではあるがお出かけをして夕食は地域で一番高級な寿司店で純米吟醸酒をたらふく楽しんでいたのです。

でも、翌朝の朝礼では「昨日読んだ本は素晴らしかった」なんて嘘をつくわけです。酒臭い息で。

社員も私が無理をしていることは気付いていたと思います。しかしそれを続けました。

立派な社長を演じていたら、いつしか心にシミができ始めました。30歳の時の写真を見ると何とも怪しげな、能面のような表情ばかりです。

私がそうだと社員も立派な部下を演じます。こうして居心地の悪い職場ができあがったのです。

それをやめようと決意したきっかけは友人の会社を訪ねた時でした。彼はとても自然体で社員とコミュニケーションをとっていました。「いや〜昨夜は中華料理屋で飲みすぎちゃったよ」なんてことを普通に話しているのです。

とても羨ましく思いました。そして仮面を脱ぐ決意をしました。その動機は会社を良くするという公の理由ではなく「人生が楽しくないから」という私的なことです。

とても勇気が要りましたが思い切って高級寿司店で飲みすぎた本当の話をしました。すると社員から「社長ばかり良いな」と言われました。すると私は本当に「自然と」こんな言葉を口にできたのです。

「じゃあ、みんなで頑張って成果を出して、打ち上げでその店で飲みまくろうぜ」

私が仮面を脱いだらみんながプライベートな話をし始め、素の自分でいられる場になったのです。

社内の雰囲気は一気に明るくなりました。

あなたのチームでもやってみよう!

2章でご紹介した「自分たちの力で賢いチームにするトレーニング」をやった上で取り組みましょう。「今日は業務の話ではないからリラックスして参加して欲しい」と伝えるようにしましょう。

1、「望みの統合」

まずは上司であるあなたから自己開示をしましょう。生い立ち、今大切にしていることなどです。上手に伝えることよりも正直な気持ちを伝えることです。

そして**「何のために働いているか」**を素直に伝えましょう。上司としてではなくひとりの人間として伝えることです。これは**「心理的安全性」にもつながる重要なプロセス**です。

その場で部下の働く動機は確認しなくても大丈夫です。特に今までそういう話をしてこなったチームでいきなり「語れ」とやるとかえって引かれてしまいます。

「みんなにも大切なもの、大切なことがあって、そのために働いているよね」といった語りかけで良いと考えています。

そして明確に伝えましょう。

「メンバー全員が望みを叶え、豊かな人生を送れるチームにしたい」と。

2、「ひとりも見捨てない」

自分も含め人は不完全な存在であること。だから一人ひとりの望みをかなえるためには支え合い、助け合いが必要であることを伝えましょう。

注意点は目的と手段が曖昧にならないように注意することです。

「一人ひとりの望みを叶えるためにチームで成果を上げることが大切」と「チームで大きな成果を上げ、それを通じて一人ひとりが幸せな人生を手にする」ではニュアンスが違いますよね。前者は言葉の最後が「チームで成果を上げる」となっているのに対し、後者は「一人ひとりが幸せな人生を手にする」となっています。聞いた人は言葉の最後にくるものを目的と認識しますので、伝え方には注意が必要です。チームワークが手段で、目的は一人ひとりの幸せの実現であることがわかる伝え方をしましょう。

そして「ひとりも見捨てない」を合言葉に、ことあるごとに何度も伝えましょう。この考え方は聞けば当たり前であるがゆえに軽んじてしまいがちだからです。

3、「心理的安全性」

発言が活発になることがチームとして賢い判断をするために大切だと伝えましょ

う。おそらく上司であるあなたも話しづらい空気をつくり出してしまった経験があると思います。そのことにも触れ「これからはみんなで話しやすい場をつくっていこう」と伝えると受け入れてもらえると思います。

さて次は指示ゼロ経営になる7つの要件のうち「水面上4つの要件」に移りたいと思います。

ビジョンづくりから具体的な計画立案、実行までを部下と協働で行う方法です。

「ビジョンデザイン」

指示命令をされずとも自発的に動くのはゴールが共有されているからです。目指すビジョンが明確だから自ら判断できるのです。

しかし、ビジョンには人の心を動かす生命力があるものと、そうでないものがあります。

例えば、とある企業のビジョンはこうです。

「○○年までに地域一番店になる。出店数、1店舗あたりの売上高で地域一番になる」

もしあなたが社員だったらどう感じるでしょうか？

「よし！　やったるぞ！」となるでしょうか。自分事と捉えるでしょうか。おそらくならないと思います。

このビジョンでは意味はわかるのですが、それが実現した日のイメージが湧きません。せいぜい社長がガハハと高笑いしている姿しか想像できません。

またこれを見た部下は「実現を喜ぶ自分の姿」は想像できないでしょう。だってスタッフがひとりも登場していないのだから。

指示ゼロ経営のビジョンには次の2つの要件が欠かせません。

・動画で再生されるリアリティ
・その未来に「自分が喜んでいる姿」が観える

ビジョンにはリアリティが必須です。目を閉じれば未来のその日が動画で再生されるほどのリアリティです。そしてその場に喜びを噛み締めている自分と仲間がいることです。

じつはこれが2章で触れた集団が自律的に動くメカニズムに深く関係があるのです。

イノベーターの心に火がつくビジョン

2章では集団は課題を持つと3つの役割が自然発生するということをお伝えしました。それをさらに細かくした7つの役者がありました。

その中に「イノベーター」がいましたね。イノベーターは真っ先に動く切り込み隊長みたいな存在です。iPhone の発売日の1週間も前から並ぶような人種です。

イノベーターが動かない限り、その先に伝染せずムーブメントが起きることはありません。

さて、ではイノベーターはどんな動機で動くでしょうか?

1週間待てば並ばずにレジまで行けるのに、寝袋まで持参して待つ彼らの動機は何でしょうか?

好奇心、ワクワク感、正義感、挑戦心、粋

その名の通り革新的、粋なことにワクワクする人種なのです。損得勘定をまったくしないわけではありませんが、それよりも感性が勝るのです。

それに対しフォロワーは安全性や損得勘定を重視します。スマホの普及で言えば自分の周りにユーザーが増え、「それどう？」と聞いて安全が確認されてから買う人種です。

さらに後期フォロワーは「みんながやっていればやる」という動機で動きます。

さてイノベーターが動かない限りムー

■イノベーターからギャラリー役までの割合

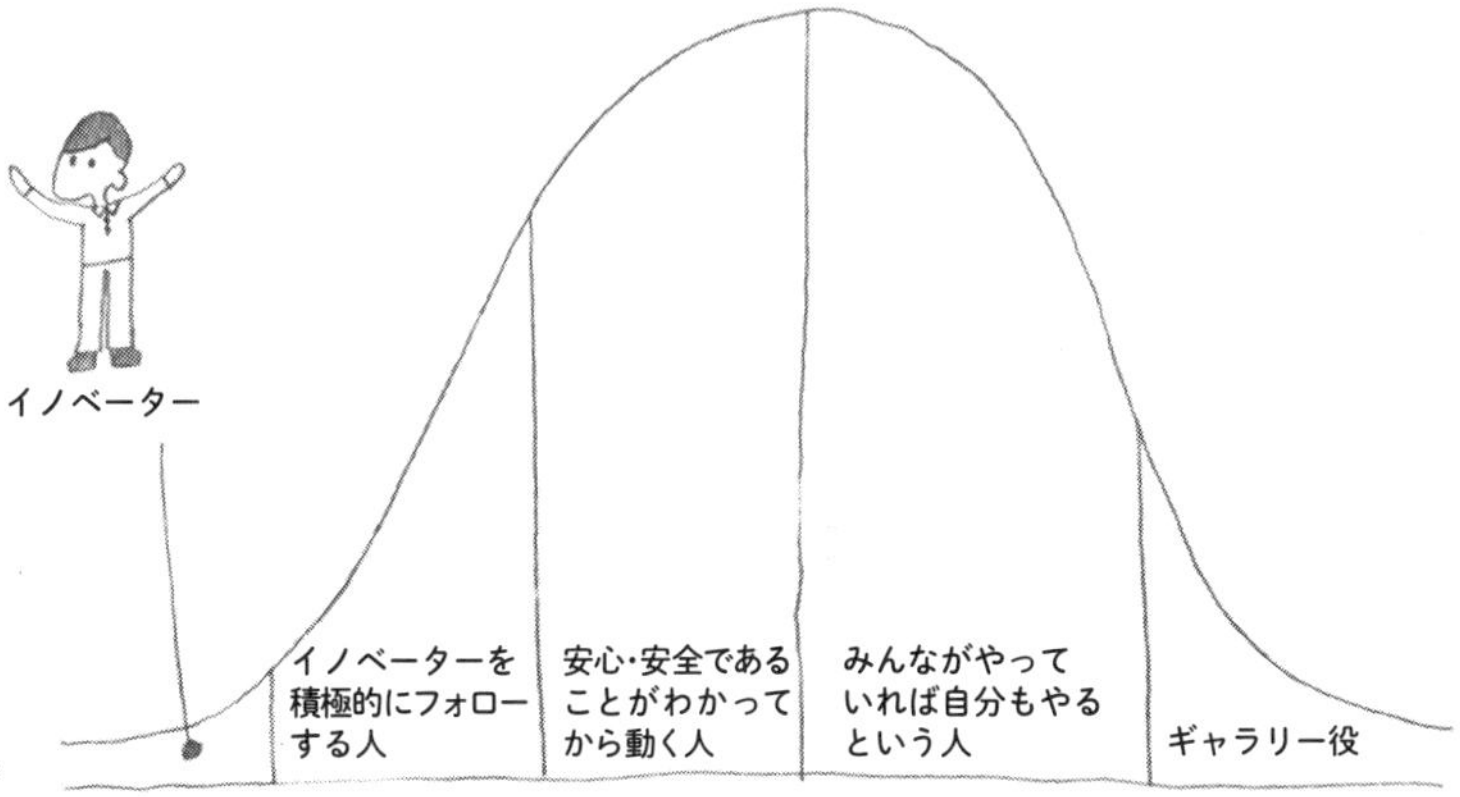

（監修　日本図解協会）

ブメントは起きません。だからビジョンにはイノベーターの心に響く「魂」が必要なのです。

魂とは喜びです。そしてリアリティです。

では、どうすればリアリティあふれるビジョンは描けるのでしょうか？

キーワードは「物語性」です。

実在する人のハッピーな姿を描く

事業はシンプルにこう表現することができます。

「人の喜びを」「自社だからできることで創造し」「収益を上げる」

業績の良い会社は活動の基礎を「人の喜び」に置いています。喜ばれる存在だから選ばれ、繁栄するのです。対し顧客を攻略の対象としか見ていない会社は総じて永く繁栄しません。

そのため、**自社と顧客の「望みの統合」が求められる**のです。

ビジョンを描く際には、まず、人の喜びに焦点を当てることが大切だと考えます。しかもそのコツは「たったひとりの顧客」を設定することです。マーケティングではできるだけ対象顧客（ターゲット）を絞り込みますが、その極地が**「実在するたったひとり」**です。ひとりのモデルを設定することで商品、サービス、機能、デザインが明確になります。売る場所…、例えばインターネットなのか実店舗なのかも明確になります。顧客に投げかけるメッセージにもキレが出ます。

ひとりの実在するモデルを決め、その人のハッピーを「自社だからできること」で実現した物語がリアリティを生みます。具体的な喜びの言葉（セリフ）もイメージできるでしょう。喜んでいる姿をイメージした時にみんなの心が熱くなります。このリアリティが部下の、特にイノベーターの心に火をつけるのです。

これができたら、次は望みの統合の範囲を社会へと拡張していきます。

たったひとりから社会全体へ！

望みの統合の範囲が広がれば広がるほど、自分たちのビジネスに自信が持てるようになります。

より多くの人が望むことであれば実現しないわけがないと自信が持てるからです。

リーダー→部下→部下の家族→顧客→地域社会→国家

このように広げていきます。

たったひとりの顧客モデルとの望みの統合ができたら、次は社会に広げていきましょう。自社のビジネスが業界や社会に好影響を与えた未来のイメージです。

そうすると「いやいや、ウチは社会に影響を与えるほど大きな会社じゃない」と思われる方もいますが、そんなことはありません。あなたも、小さな町の小さな会社であっても素晴らしい取り組みをしている会社を知っていると思います。伝説のチームの逸話を聞いたことがあると思います。きっとメディアで取り上げられたのを見たことがあるからでしょう。

メディアで紹介されなくても地域の人が誇りに思う会社、お店はどの町にもあります。それだけでも十分に社会への好影響だと思うのです。

望みはエネルギーです。自分たちだけではなく顧客や地域が求めていると感じれば大きな自信になるでしょう。そして自社のプランに誇りを持ち堂々と人に話すことができます。

だから広がるし実現するのです。

部下が参画して描く

実在するたったひとりのハッピー物語は部下とともに描くことで「自分事」になります。

人は意思決定に参画した分だけ物事を自分事と捉えるからです。上司が勝手につくったものは「上司のビジョン」です。**我々化を起こすためには全員参加でつくること**です。

■ビジョンは全員が参画して描くことが大切

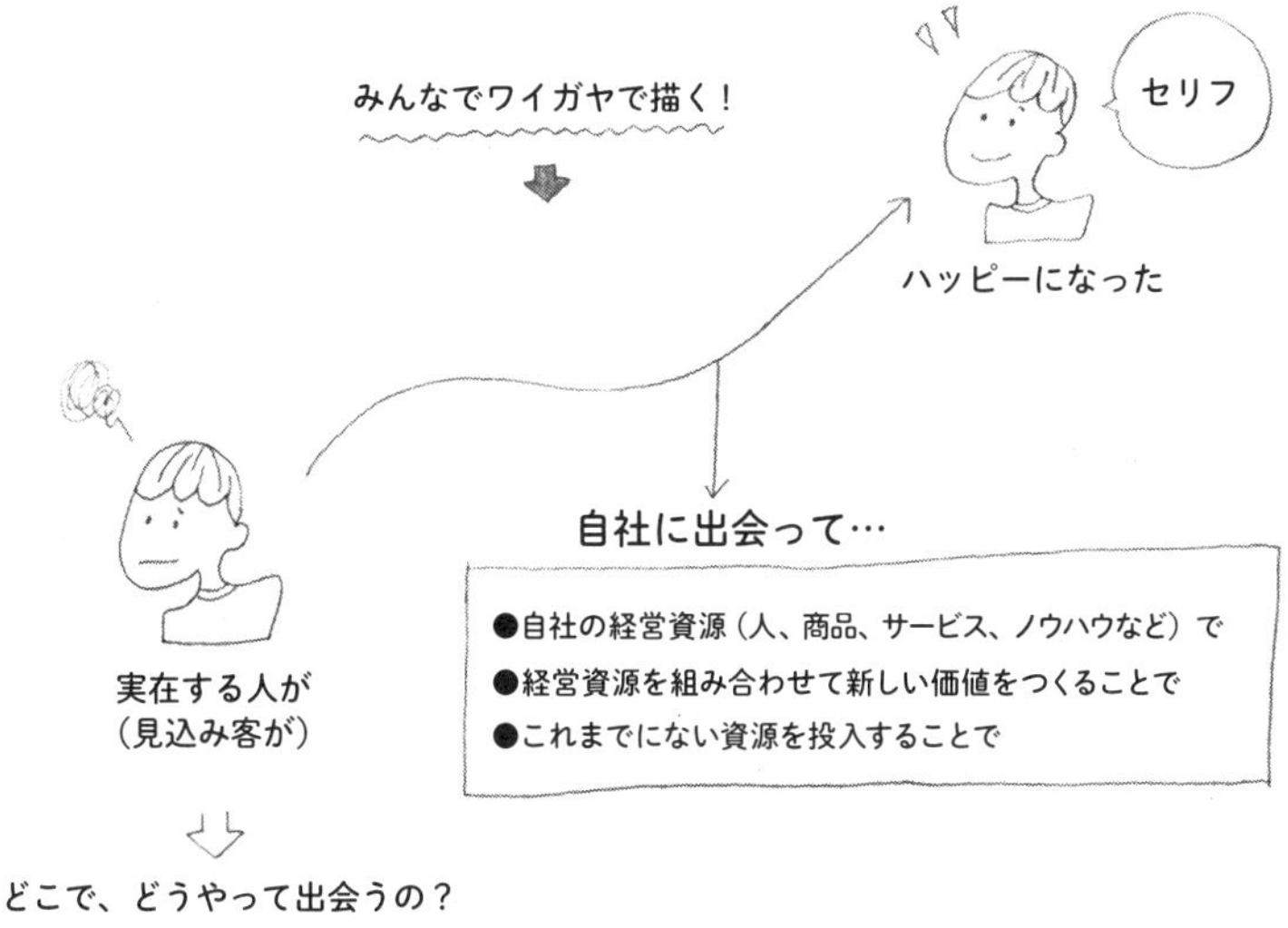

みんなでつくる時のコツは、みんなが一斉に見ることができるひとつのツールが必要です。同じ枠組みで考えることで各々の意見、アイデアがひとつにまとまりやすくなります。

私が企業研修で使うツールはとてもシンプルで子どもでも理解できますのでご紹介します（実際に中学校でやったこともあります）。

左下の浮かない顔をしている人が「実在するたったひとり」です。別に浮かない顔でなくても結構です。普通の顔、にこやかな顔でもＯＫです。その人が自社に出会いハッピーになった姿が右上にきます。課題解決型の商品・サービスの場合、左下には浮かない顔が入るでしょうし、嗜好品やエンターテイメント型のサービスの場合、普通の顔が入るでしょう。

ここで描いた人はいわゆる「見込み客」です。**見込み客と「どこで」「どのような手段で」出会うか**を考えると、この後にご紹介する経営計画がやりやすくなります。

2つの顔の下に位置するボックスは自社の経営資源です。自社の「人・商品・サービス・ノウハウ」などの資源が入ります。あるいは必要であれば、資源を組み合わせたり新しい資源を投入したりして独自性の高い商品・サービスを開発します。

例えば、栃木県宇都宮市にある鈴木新聞店では、この図を使いみんなでワイガヤをした結果、誰も想像もしなかったビジネスアイデアとビジョンが生まれました。

左下にはある農家のおじさんを設定しました。同社の地域では後継者がいない農家が増えているそうです。一方で農業をやりたい若者がいますが彼らはノウハウも土地も持っていません。そこで彼らをマッチングするアイデアが出ました。若者は農家から有料でノウハウを学びます。代金の一部は仲介料として新聞店がいただきます。使用者は畑や田んぼの地代を農家に払います。採れた野菜やお米などは新聞店で仕入れ地域に販売します。できれば地元のお弁当屋さんとコラボしてお弁当にしたいというアイデアも出ました。新聞店は配達が得意なので高齢者や共働きの家庭に定期宅配することができます。代金は新聞代と一緒にいただくことができます。

また新聞店はチラシを入れ放題なので、自社発行の情報紙を作れば立派なメディアになり地域にプロジェクトの様子を伝えることができます。それが販売促進にもつながります。

農家のおじさんのセリフは「いや〜、代々受け継いできた田畑を守ることができた。ご先祖様に顔向けができる」でした。

使用者の若者のセリフは「ずっと農業をやることが夢だったんです。それを生業にできるなんて最高です」でした。

さらにメディアがこの活動に目をつけ特集したところ、他のメディアからも取材が殺到したと物語は続きます。それを見た全国の農業志望の若者が宇都宮に移住して人口増に貢献し、市長から感謝状をもらったと社会への影響も描きました。

まさに三人寄れば文殊の知恵で生まれた素晴らしい事業アイデアだと思います。

同社では新規ビジネスが必要だったので飛躍したアイデアが出ましたが、置かれている状況で飛躍度は変わってきます。

成功を象徴するイベントをつくる

より心がワクワクするように、晴れてビジョンが実現した時に起きるイベントを設定します。

例えば「テレビが取材に来た」とか「県から表彰を受けた」といったものです。本当にそうなるかはわかりませんし、そうならなくても構いません。しかし現実味がまったくないものではリアリティがありませんよね。

「もしかしたら起きるかも」といった可能性があるイベントが最適だと思います。

これは遊びです。でっち上げです。なので、あまりクソ真面目にやらずに飲み会のノリでやるのが良いと思います。

例えば、こんなイメージです。

２０２０年◯月◯日の昼過ぎ。

当社の成功をあるテレビ局が取材に来ることになっています。スタッフたちは仕事を午前中に終わらせ取材を受ける気満々で待っています。Ａさんはいつもはジャージしか着ないのに、なぜかその日はオシャレなスーツを着ている。どうやら取材用にポール・スミスで新調したらしい。みんなにからかわれて恥ずかしそうな笑みを浮かべています。からかわれながらも彼は誇り高き目をしていました。

最初に女性インタビュアーが社長にこれまでの取り組みを事細かに尋ねました。どんな想いで、どんな発想で、どんなことをやってきたのか？　社長は「スタッフみんなで創り上げたのです」と言う。

次に、スタッフにカメラが向きました。一人ひとりが自分の仕事への想いを、これまでの苦労を、そしてお客様のお役に立つことの悦びを語りました。

取材の放映は当日の夕方６時40分ころに地方版で流されると告げられました。

家族で食事をとっている時間です。スタッフのＢさんは家族に予告せずにさり気なくチャンネルを合わせました。

最初に気づいたのは小学３年生の息子でした。

「あれ、母ちゃんじゃん!!」

Bさんは息子に語りました。自分の仕事のこと、どれだけ誇りを持って仕事をしているか、大変なこともあったと……。

そして、それを乗り越えられたのは「お前がいるからだ」と。ずっと伝えたかったことを、初めて息子に伝えられたのです。

そしてちょうどその日は息子の誕生日、特別ボーナスで息子がずっと欲しがっていたマウンテンバイクをプレゼントしました。

いかがでしょうか？　これが望みの統合です。会社と個人が統合したビジョンなのです。

メディアの取材でも、打ち上げの場面でも、増えたお給料を何に使ったかの想像でも良いのです。

会社、チームの成功を象徴する未来のイベントをつくりましょう。

「自己決定」

人は自分で決めたこと、自分が参画して決めたことを自分事としますし責任も持ちます。

ところが、多くの会社はこれまで「考えるのは上の者」「実行するのは下の者」という分離構造でやってきたのではないでしょうか。この構造は、大量生産、大量消費の時代では有効だったと思いますが、変化が激しい成熟社会には向かないと考えています。

業務の一部分だけを任せるのではなく「ひとしごと」任せることです。

「ひとしごと」とは「自ら考え↓自ら判断し↓自ら決め↓自ら行動し↓自らチェックし↓自ら改善する」丸ごとをいいます。

さらに指示ゼロ経営では**「自ら」**が**「自分たちで」**になります。指示ゼロ経営の基本はチームに対し課題を与え、集団の知恵を活性化することだからです。

上司はチームの外から見守ることもありますし、自らも中に入って一緒に考えることもあります。メンバー数やチームの成長具合で判断してください。ただし上司が中に入る場合は、気付けば上司の独壇場とならないように注意が必要です。

ビジョンデザインの次は、その実現のための計画に参画してもらいましょう。計画には次の7つの項目が必要です。

ビジョン実現のために「何を」「どんな出来栄えで」「いつまでに」「誰が」「誰と」「どのように」「いくらで」やるか。

これが明らかになっていないと計画として不十分ですし上司も安心して任せられません。7つの項目すべてを自分たちで決めることが理想ですが、例えば「いくらで」（予算）に関してはあらかじめ決められていることもあると思います。その場合は事情を説明し予算内で計画してもらうようにしましょう。

計画は1枚の因果関係図にする

チームで計画を立てる時はチームメンバー全員が見ることができる設計図が必要です。

「これとこれとこれをしたら、こうなる」という因果関係がわかるものです。因果関係とは「飲み過ぎると二日酔いになる」といった原因と結果のことです。この関係を活用すると計画が立てやすくなります。

例えば、どうしても二日酔いになりたいと願う人がいたとします（いないと思いますが…）。その人が二日酔いになるという結果を得るためには何をすれば良いでしょうか？「酒の買い出し」「翌日の有給休暇取得」「取得のための根回し」などすべきこと（原因）が明確になります。

例えば、先ほどの鈴木新聞店の事例で考えてみましょう。

まずは「農家の後継ぎを探せ！　プロジェクト」などとプロジェクト名をみんなで考えます。

このプロジェクトを成功させるためには、ざっと次のような原因を整える必要があります。

・後継ぎがいなくて困っている農家を探す。

・農業に挑戦したい若者を探す。
・農業指導のルールや受講料、仲介料を決める。
・収穫した米や野菜をお弁当にしてくれる業者を探す。
・宅配の仕組みをつくる。
・代金を新聞代と一緒に請求する仕組みをつくる。
・情報紙制作のためのノウハウを学ぶ。

これらは計画に必要な7つの項目の**「何を」**にあたります。

ワイガヤでこれらのアイデアを出しながら次のような図にします。中心がビジョンです。その実現のために必要な原因を周りに散りばめます。さらにその一つひとつの原因を達成するために必要な細かな原因を書き広げていきます。マインドマップに似た因果関係図ができあがります。2章でご紹介した「14の役割」が揃えばアイデア出しはとても盛り上がるはずです。

この図に**「どんな出来栄えで」「いつまでに」「誰が」「誰と」「どのように」「いくらで」**

■ 計画は１枚の因果関係図にすること

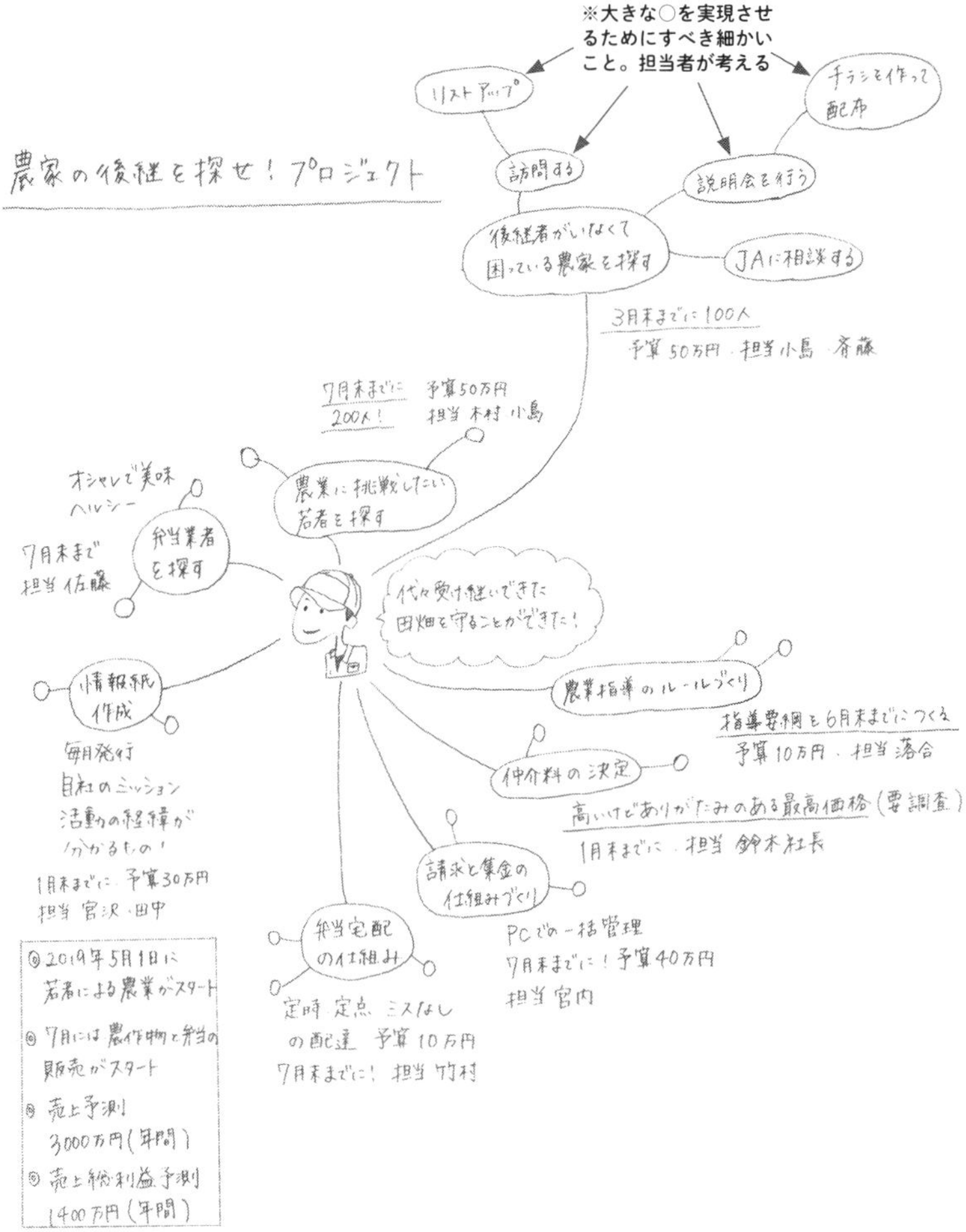

「農家の後継を探せ！プロジェクト」で作った因果関係図。これが計画になる

を、上司が仕切らず自分たちで話し合い書き込んでいきます。

「誰が」「誰と」を決める際の注意点は、難しい仕事は1人ではなく2人以上にすることです。私の経験では2人か3人が動きやすいと感じています。それ以上になると無関心な傍観者が出る可能性があるからです。

また上司がプレイングマネージャーとして何らかの役割を担っても良いですし、チームから一歩引いて見守るのも良いでしょう。

計画は細かくしすぎない

計画にはある程度の**「大ざっぱさ」**が必要だと考えています。その理由は人間がつくったものは不完全だからです。やってみないとわからないこと、やってみてわかることがあります。だから**「やりながら直していく」**というのが現実的です。計画を細かくしすぎると計画に縛られてしまいます。計画通りにいかなかった時に、再度綿密な計画を立て直していたら年がら年中計画ばかり立てていたなんてことになりかねません。

また、やっているうちに予期せぬ偶然に出会うこともあります。これが結構あるのです。それをキャッチするためにも計画には程よい大まかさが必要になります。細かすぎると計画に書いてある情報にしか目が行かず、素敵な出会いを逃してしまう可能性があります。

大まかに描き、まずはやってみる、やりながら直す。

指示ゼロ経営は変化に柔軟かつ素早く対応できます。理想と現実のギャップを行動しながら埋めていきます。

しかもそれを上司の指示命令ではなく「自分たちで」やってのけるのです。

そして理想と現実のギャップに気付くためには反論者の存在が大切になります。「上手くいってないよ」と指摘する役者です。

そのためには上手くいっているかどうかを**「客観的に」「自分たちで」判断する情報**が欠かせません。それが次にお伝えする**「変化・成果の見える化」**です。

「変化・成果の見える化」

人は自分で決めることができ、その結果（変化）を自分で確認できると仕事が楽しくなり、自発的なヤル気が生まれます。また、激しい変化に対応するためには変化をいち早くキャッチし、次の意思決定を素早く行う必要があります。変化をつかんだ者のみが自ら変化をつくり出せるのです。

自分たちで決め行動したことに対する手応え（変化・成果）を、自分たちでいち早く確認し、次に活かしていくことが大切です。良い変化も悪い変化もです。そのためには誰が見ても一目瞭然の客観的な情報が開示されていることが必須になります。

つまり**「情報公開」**です。

例えば、営業部などで個人の成約件数がグラフになっているのを見ますよね。あんな感じです。

ただあのグラフには部下にプレッシャーを与える意図があるような気がしてなりません。果たして**目標は自分で決めたのか？　成果を出すための「たくらみ」は十分に**

行われたのか？　そもそも個人成績の開示は本人たちが望んだことなのか？　非常に疑問です。ただ単に個人に数値目標だけを押し付け、成績を晒すことでプレッシャーを与えようとしているなら百害あって一利なしです。

今は知恵の時代です。知恵は他人から危機感を煽られると著しく破壊されることがわかっています。また、知恵はワイガヤで最も生まれるので、課題を個人に割り振るのも得策ではありません。

指示ゼロ経営は三人寄れば文殊の知恵の経営です。チームで課題を持ち、自分たちで考え判断し決め、行動し、客観的な変化を自分たちでチェックし次に活かすことです。

同時に中長期的な変化も把握する必要があります。そのためには決算書の公開は必須でしょう。

数値目標は「皮算用」である

今の時代は目標設定が役に立たなくなってきていると考えています。以前の順調に成長した時代であれば、自分のペースで成長させることができたと思います。その典型が活動量を増やすことでした。頑張れば報われるのであれば目標設定は役に立つと思います。

しかし今は外部環境の変化が激しく、とても自分の都合通りに行かないことが多くなりました。変化に応じてこちらもあらゆるものを変えていかなければなりません。大企業でさえ業績見込みの修正を行うことが珍しくありません。それは下方修正することもあれば上方修正することもあります。

そういう意味では**目標値は「予測値」**と捉えた方が現実的だと考えるのです。「これとこれとこれをやったら、こうなって、これだけ儲かるだろう」と。逆に「これだけ儲けたいから、こうなる必要があり、そのためにこれとこれとこれをやる」と発想することもできます。これを**「皮算用」**といいます。皮算用には積極的な「たくらみ」の匂いがしますよね。たくらみはみんなでやると楽しいものです。

本書では割愛しますが、業績に連動した賃金制度があれば皮算用はさらに盛り上がるでしょう。

指示ゼロ経営では目標値も部下が参画して決めますが、それは皮算用という意味なのです。

社長、上司が勝手に決めた目標値など自分事になるわけがありません。目標に関しても「望みの統合」が必要で、それを実現するのが皮算用なのです。

期限をカウントダウンで示す

計画には**「いつまでに」**という期限が必要です。

人は「残り時間」を意識すると今この瞬間への集中力が高まります。その効果を最大化するのがカウントダウンです。

その最たるものが「死」です。死の宣告を受けた人は、最初はもの凄くうろたえますが、やがて、その最も受け入れがたいものを受け入れてあの世に行くといわれています。

刻一刻と死が迫ってくる……、カウントダウンが始まり、受け入れた時に意識の変容が起き、エゴを超越するといわれています。

身近なところでは卒業がそうだといいます。卒業の間近は、何とも言えない厳かな気持ちになりますよね。
「楽しかった学校生活がもうすぐ終わる」
「その時」が近づいてくることを意識すると、これまで仲が悪かったヤツとも少し打ち解けられる気がするものです。

これを活用した知恵として、学生の文化祭で掲げる「学園祭まであと○○日」という掲示があります。

職場でも応用できます。例えば私は会議でカウントダウンのタイマーを使います。するとその時間までに終わるのです。面白いことに90分でセットすると90分で終わりますし、60分でセットすると60分で終わるのです。用意された時間で集中して話し合いをするのです。

事業計画にも応用できます。因果関係図に期限を書き込みますが、実行の段階ではカウントダウンの掲示をすると効果的です。

「学び合い」

2章で述べたように上司が部下一人ひとりではなくチームに関わるようになると、勝手に仲間同士で学び合うようになります。望みの統合によって会社を自分事と捉え、ひとりも見捨てないことが結果的に一人ひとりにとって得なことだと理解すると、より学び合いは活性化します。

さらに、チームの挑戦が大きければ大きいほど多くの人と学び合うようになります。その理由は直面する課題が大きいと仲の良いグループ内の知恵だけでは解決できないからです。より広い範囲で学び合うようになります。

よくチーム内に派閥ができることを悩むリーダーがいますが、その原因は**課題の小ささ**にあります。小ぢんまりとした派閥ごときで解決できてしまう程度の課題だからです。地球上から国家間の争いがなくなる一番の方法は宇宙人が攻め込んで来ることだと思います。

学び合いをさらに活性化するためには、仲間がどんな実践をしたかを知ることができる仕組みが求められます。

それを実現するのが「社内報」や「朝礼」です。

これらが単なる業務通達の道具になっている企業が多く、非常にもったいないと感じています。社内報では部下から自分の実践を報告してもらい、その活躍を伝えましょう。初めのうちは積極的に報告をしてくれないかもしれません。そんな時は上司が観察をして載せてしまいましょう。

朝礼も業務連絡だけでなく実践情報を発表し合う場にしましょう。

例えば、静岡県でフィットネスクラブとスーパー銭湯を展開する会社では、ホスピタリティ向上のために学び合いを取り入れました。当時社長であった福山重紀さんはホスピタリティ向上のためには「自ら考え行動する社員」が必要だと考えました。そのために社員一人ひとりに「多少の経費がかかっても構わないので、お客様に喜んでもらえると思ったことを、自分で考えてやってください」と伝えました。

そして社員の実践をノートにまとめ、いつでも誰でも参考にできる仕組みをつくり

長田光正氏大活躍
仏のご利益確定
香住寺参道の銀杏が折れているのを発見！
自筆の手紙を入れる
お客様からいただいた心温まるお礼の手紙を取材陣に公開する長田氏

内閣掃除大臣 降臨！
守屋敏文氏
みかんの皮の汁で現場作業台がピカピカに！
安倍政権の大臣に抜擢
懸命に台を磨く守屋氏
米沢自身
2013年9月号

奇跡の読み聞かせ
新田純子氏
聴くだけで成績UP
こども新聞教室の前座で読み聞かせを披露する新田氏
学校教材に起用か？
「うん、いいね！声優さんのような声に癒される。CDにして学校の教材にすべきだ！」
教育学博士 竹村 聡氏
米澤からのお願い 皆さんのお知り合いで、新聞を取ってくれる方を紹介してくれませんか？（町内限定）迷っている方の場合、一週間の無料お試しを勧めてくれても結構です。紹介してくれたら嬉しいです。ちなみに謝礼（1万円）あり。

私の会社で共有される社内報「米沢自身」

ました。ノートは実践した本人が記入します。**「誰が」「何を」「どのように」「いくらで」実践し、「どうなったのか」**を記入します。

ノートにはただ実践の事実だけが書かれているだけで社長の評価は一切ありません。その理由は、褒めて伸ばすことが目的ではないからです。社員一人ひとりが自分のため、自分たちのために行動して欲しかったのです。

まさに「ひとしごと」任せた好例だと思いました。与えられた予算内で自ら考え判断し決め実践し、その変化を自ら確認できる仕組みです。そして実践を学び合うことで自律的に成長できる仕組みです。

学び合いの効果はこれだけではありません。仲間の実践を知って同じような行動をするフォロワーが出るという嬉しい副産物もあります。

ちなみにうちの会社の社内報をご紹介します。「米沢自身」

と銘打ち、週刊誌の中吊り広告風に仕上げました。その意図は楽しい雰囲気を出したかったのと、私からの評価の匂いを消すことです。

さて指示ゼロ経営になる7つの要件をすべてお伝えしました。

これまで8000人以上、数にして200を超える集団で検証してきましたが、人間関係が破綻してない限り例外なく自律型組織になりました。

次に実例をいくつかご紹介します。

わずか3年で指示ゼロ経営を実現した京屋染物店

2018年の夏に放送されたオロナミンCのCMはご存知でしょうか。俳優の永山絢斗さんが粋な半纏姿で神輿を担ぐ姿が印象的なCMです。じつは永山さんが着ている半纏をつくったのが、本書のまえがきでご紹介した岩手県一関市にある京屋染物店です。大正7年に創業した老舗です。

染物業界はこの100年で大幅に衰退しました。同社の創業時には全国に

1万4000社あった染物店は現在300社ほどに減少しました。社長の蜂谷悠介さんは4代目で、引き継いだ時の社員数は家族を含め4人の小さな会社でした。それが今では社員数20名になり順調な成長を続けています。

蜂谷社長は大学在学中に起業するなど若くしてビジネスの才能を開花させました。ところが家業にはそんなに情熱を傾けることはできませんでした。

そんな彼を変えた出来事が2つあります。ひとつは先代のお父様の他界、そしてもうひとつは東日本大震災でした。

お父様の他界で知ったことは、どれだけお父様が地域から信頼されていたか、そしてそれを裏打ちする経営者としての哲学、思想、そして匠の技術があったことです。生前に教わったことが社長に就任してから徐々にわかったと言います。

それから数か月して東日本大震災が発生しました。被災地に行きボランティアをする中で出会った方から染物屋の社会的役割を教わったと言います。

「もう一度祭りをやりたい」

そんな思いが被災者にあったそうです。祭りは老若男女が一致団結できるもの。大震災の傷が癒えず、まだ一歩が踏み出せない人もいます。祭りがあれば地域の仲間とともに復興への勇気が生まれるかもしれない。県外で避難生活をしている人も祭りがあれば一時でも戻って来てくれる。

しかし祭りの道具は津波で流されて消失してしまいました。

思いを聞き、無意識のうちに言葉が出たそうです。

「半纏をつくらせてください」

しばらくして祭りが復活し被災者から「地域が復活した」「若い連中が戻ってきた」ととても感謝されたそうです。

「染物屋が誰かの力になれる。地域コミュニティの力になれる」。自社のミッションに気付いた瞬間でした。

それからネットでの販売に成功し業績は回復、社員数も増えていきました。ところが他人に雇われた経験がないこともあり、人材育成で悩んだそうです。みんなが会社を自分事に考えてくれない。光が見えない中、社員さんがＴＯＣの研修に参加しました。研修から帰ってくるなり蜂谷社長に詰め寄りこう言ったそうです。

「ウチのボトルネックは社長、あなたです」

蜂谷社長はＴＯＣを知らなかったので自分がガンだと言われたような気がしたそうです。しかし真意は違います。真意は**「社長だけしか決済できないこと」「社長しか知らない仕事」「社長しか知らない情報」が多すぎる**ということでした。

そこで業務改善を行うことにしました。

その時の心境を次のように語ってくれました。

「じつは、社長は自分だけにしかできない業務があることで安心する」と。自分の安全領域だと言います。要するに社長だけが行う重要な仕事があることで「オレがいないと困るでしょ？」と存在意義を確保したいという心理です。

これは自分の存在に関わることなので手放すのには非常に勇気がいります。

業務改善も簡単にいったわけではありません。全員が集まっての会議が必要な上に、時間もかかります。業務改善の意義、目的が共有されていなかったので、現場のスタッフからは「こんな事をしている時間があるなら、たまっている仕事を片付けたい」と言われたそうです。どこに向かうかわからない……、じれったい時間だけが流れていきました。

この停滞を打破したのは千葉さんという女性スタッフでした。

「社長が何を目指しているのかわからない」「方向性を示して欲しい」「これでは社長についていけません」

ガツンと言いますよね。しかしこの言葉が組織のコリをとるキッカケになったのです。

蜂谷社長の本音が爆発したのです。

「オレだって初めての経験なんだよ」「何をやったら良いかわからないんだ」

社員主体で進行する研修を一番後ろで見守る蜂谷社長

そして叫ぶように言いました。

「力を貸して欲しいんだよ」「オレだってみんなが幸せになって欲しいと思っている。でもそれはオレひとりだけの力じゃできないんだよ」

この言葉を聞きたかったのだと、千葉さんが私に教えてくれました。「人間としての社長を初めて知った。嬉しかった」と。社長が殻を破った瞬間、そして社員さんの心に変化が起きた瞬間です。

この時期に私は蜂谷社長と出会いました。そしてビジョンデザインの研修を行うことにしたのです。研修では最初に蜂谷社長からお父様の話、東日本大震災での被災者との関わりで気付いたことを社員さんに熱く語ってもらいました。
　そしてその想いを受け、全員でビジョンを描いたのです。前ページの研修の写真をご覧ください。司会をしているのは社員さんです。一番後ろの席に座っているのが蜂谷社長です。じつに指示ゼロ経営的な光景です。

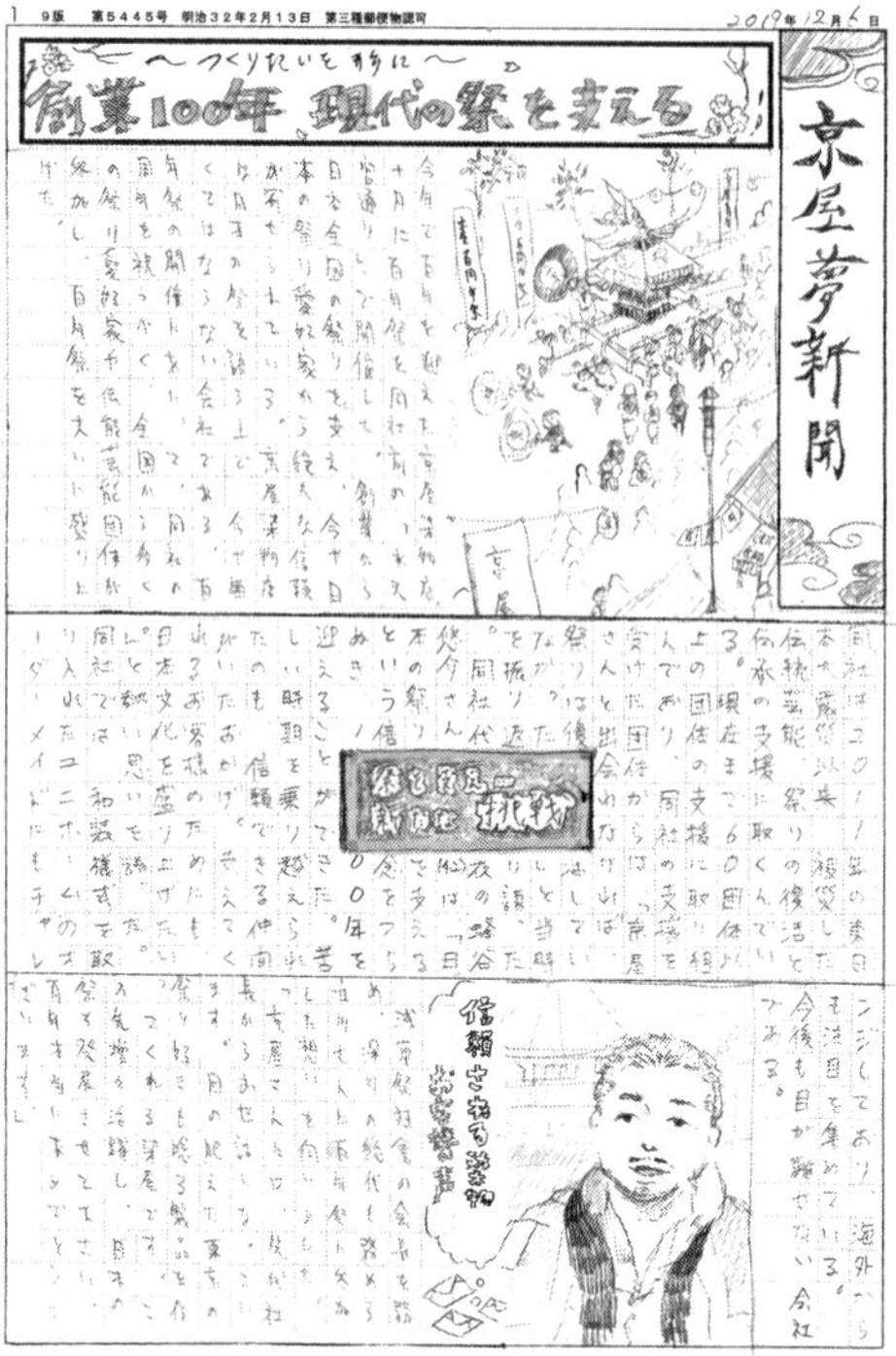

創業100年の自社の姿を描いた「未来新聞」

　指示ゼロ経営では、ビジョンは**「未来の日付の新聞」**の形式で描きます。経営計画書を新聞のカタチにしたものと思ってください。自社の偉業が将来新聞に載ったとし、その新聞にどんなことが書かれているかをみんなで考えます。新聞というのが肝です。新聞には社会的に価値があることでないと載りません。「年商10億達成」では載りませんよね。**自ずと社会との望みの統合ができるというわけです。**

新聞の1面には創業100年にあたる2019年の自社の姿、経営数値とそこに至るプロセスが描かれました。そこにはたったひとりの顧客モデルの姿も描かれています。

2面以降にはビジョン実現のために社員さん一人ひとりが何をしたか、活躍の姿とともに会社の成功の先に実現する個人の幸せな姿も描かれています。

社長とスタッフ、顧客、社会の望みの統合がなされたのです。

業務改善はみんなが望むものになり主体的に取り組んでくれるようになりました。その結果、2017年にはサイボウズ社が主催する「kintone AWARD」でグランプリを受賞しました。

大手企業からタイアップのラブコールがかかるなど劇的な進化を遂げています。

私は蜂谷社長に聞きました。「指示ゼロ経営になる秘訣は何ですか?」と。彼はしばし考えこう言いました。

「手放す勇気だと思う。社長の安全領域を手放す、自分ひとりの力でどうにかしようとするエゴを手放す勇気だと」

京屋染物店の変革　ここがポイント！

・社長が「力を貸して欲しい」と素の自分で訴えたこと
・ビジョンデザインを全員参加で行ったこと
・社長、社員、顧客、地域社会の望みの統合が行われたこと
・ビジョン実現の計画づくりに社員が参画したこと

小学生のクラスでも90分で自律型組織になる

次にご紹介する事例は少しユニークです。私は2010年から京屋染物店で行った「未来の新聞」のワークを学校のキャリア教育でも行っています。2018年10月の時点で全国で9006人が参加しています。ワークの目的は正解がなく変化が激しい時代において**「どんな時代になっても」「どこに行っても」逞しく生きる力を身につ**

けることです。要領は指示ゼロ経営とまったく同じです。

子どもたちは自分の活躍を伝える未来の日付の新聞をひとり一枚つくります。

私が教壇で私が子どもたちに伝えることは次のとおりです。

「これから自分の夢を新聞にします。夢は書いたり人に話した方が叶いやすくなります。でも、それと同じくらい大切な事があります。それは**仲間と力を合わせて取り組むこと**です。夢はひとりで叶えることはできません。なぜなら人には長所もあれば短所もあるからです。それを補え合えばみんなの夢が叶います。逆に、自分はできたから知〜らないという人がいると誰の夢も叶わなくなってしまいます」

こうして望みの統合を行うわけです。

その上でクラスにミッションを与えます。

「制限時間までにクラス全員**『ひとり残らず』**夢新聞を完成させてください」

やり方はすべて任せますが、私も担任の先生も何を聞かれても答えないと伝えます。

黒板に大きな四角を2つ並べて書きます。右側の四角には大きな文字で「できた」と書きます。そして全員に付せんを配り名前を書いてもらい左側の四角の中に貼ってもらいます。夢新聞が完成した人から右側の「できた」の四角に付せんを移動してもらいます。全員の付せんが右に移動すればミッション達成です。

これは指示ゼロ経営の成立要件**「変化・成果の見える化」**です。講師が言わずとも自分たちで状況と結果がわかりますからね。

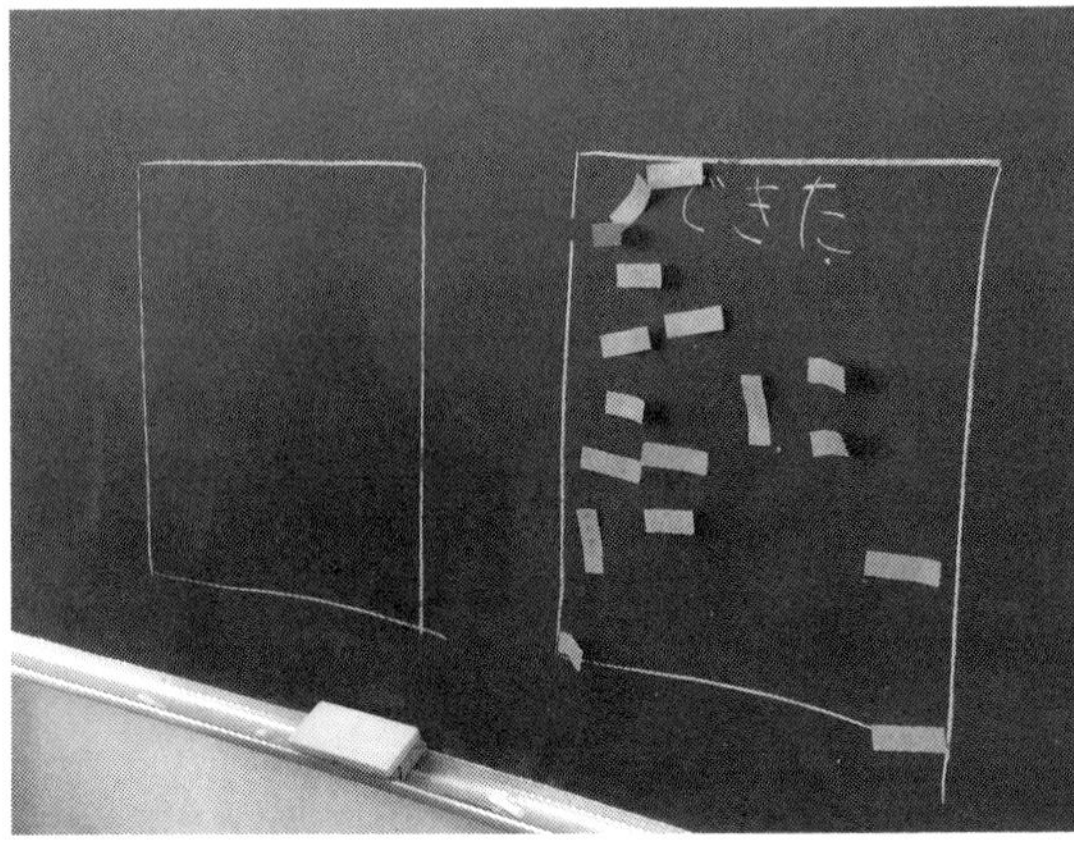

「できた」の枠にすべての付せんが移ったらミッション達成

「一人ひとりの夢を叶える一番の方法はひとりも見捨てないことです。がんばりましょう」と言い、カウントダウン式のタイマーのスイッチを入れスタートします。

するとどうなるか？

集団の中のイノベーターが真っ先にミッション達成に向けた行動を起こします。講師は、その行動を全員に大きな声でアナウンスします。「早速、困っている友達を助けている人がいるね！」「助けを求めている人もいるね！」などと。これは褒めているわけではなく、学び合うための情報共有を行っているのです。するとフォロワーが現れます。1人2人3人と……。

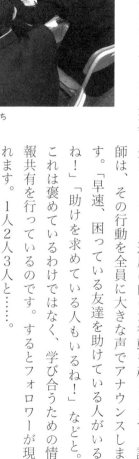

そしてフォロワーが全体の2割を超えると一気にムーブメントが起こります。全体に広がります。この瞬間は鳥肌ものです。

大人が指示しなくても自律的に助け合う子どもたち

現在のところミッション達成率は3割ほどです。多くのクラスが制限時間までに全員が完成させることはできません。しかしそれで良いのです。「達成できなかった」という課題があれば、集団は自律的に解決する力を持っているからです。なので振り返りの時間を大切にしています。

達成した場合は「どうして達成できたか」を、達成しなかった場合は「どうすれば達成できたか」を班で話し合ってもらい全体に発表してもらいます。

大人が見守る中で失敗を繰り返し、そこから学ぶことが成長の一番の方法だと信じています。

協働は人類が獲得した最も汎用性が高い習慣です。どんな時代になっても、どこに行っても協働で乗り切って欲しいという願いでこの活動を続けています。

コラム

「kotori cafe の撤退から再スタートしたら」

「社長、この事業はもうやめましょう」……。リゾートホテルの朝が満喫できる「kotori cafe」の廃止を社員から提案された時の私はとても複雑な気持ちでした。今度こそ！と気合を入れて立ち上げた事業です。各種方面から注目も集めていました。雑誌のインタビューで「今こそ事業モデル転換のフェーズに差し掛かっている」などと偉そうに語っていた自分もいました。

ショックでもありましたが、社員を心から頼もしいと思いました。

特に「この事業の価値は宅配ではない。むしろ、地元の農家や企業とコラボしていることだと思います。地域の人と共にこの地域を良くするというテーマで再考してはいかがでしょうか？」と提案された時は本当に嬉しかったです。

しかし嬉しがっている暇はありません。そうこうしているうちにも新聞購読者も折り込みチラシも減っていきます。ところが僕にはアイデアがありません。京屋染物店の蜂谷社長と同じ心境です。

私は呆然としました。言葉も見つからないとはまさにこのことです。ようやく見つけた言葉はこうです。

「地域の人と共にこの地域を良くするというテーマって言うけど、何かアイデアはあるの？」

社員たちにも具体的なアイデアはありませんでした。しかし、こう言うのです。

「これからは地方創生の時代です。しかしそれはこれまでのように行政におんぶに抱っこでは実現しないと思います。地域の課題は地域で解決する、地域の宝は地域で開発して売り出すことが大切です。そこに何かチャンスがあるような気がします」

政治家みたいだな……、それが第一印象でした。

そして、その社員はこう言いました。

「指示ゼロ経営をやって気付いたことがあります。それは指示ゼロ経営は楽じゃないけど楽しいということです。自分で決めるということには責任が伴います。しかし自分で決めるから考え抜くし個性が発揮されて仕事が愉しくなります。仲間と取り組む愉しさもありますし成果も出ます」

「愉しい」

口頭で聞いたのですが、私には「楽しい」ではなく「愉しい」という文字が浮かびました。

両者には深み、重みに歴然とした違いがあると思います。愉しいには時間感覚を忘れてデイープに集中するニュアンスがあります。

社員は話を続けました。

「地域の人たちとともに自律的な地域づくりをすることは地域にとっても関わる人の人生にとっても非常に意義のあることだと思います。自分の居場所、役割がいつもある地域を新聞店だったらできると思います」

指示ゼロ経営を地域でやろうというわけです。

私は涙が出そうになりました。

なぜなら、その思想は私が一番大切にしているものだからです。私は、人にはその人だからできることがある、役割を持って生まれてきたと信じています。それは立証することはできませんがそうとしか思えないのです。そして、そうなのだとしたら、自分にできることで人に喜ばれた時に、人生は本当に豊かになると信じているのです。

私は気付きました。

私が譲れないのはその思想だけなのだと。その思想が根っこにあれば事業のカタチは何でも良いと気付いたのです。社員たちは僕が一番大切にしていることを、同じように自分事で大切にしてくれていたのです。

「よし、それで行こう！」。何がどうなるかはわからないけど、実現をみんなが、地域も行政も望むことだという想いだけでスタートしました。

事業のカタチを変えるとなるとすべてが変わります。収益構造も変わります。なので決算書を公開してすべてを真っ白から再構築しました。幾度もミーティングを重ねました。私が出張などでいない時にもミーティングは行われ、帰ってくると何かが新しく決まっていたことも珍しくありませんでした。

どんどん変わっていく。しかも自分たちの力で。

社員たちはビジョンを実現するためには特別なスキルが必要だと考え、研修にも多く参加するようになりました。それを私が選ぶことは一度もありませんでした。自分に必要な学びを自分で調べ、参加していました。決算書を公開しているので予算の判断もできます。

ある日、地域内にある52か所の公民館で地域づくりのワークショップをやるというアイデアが出ました。1か所あたり3回行うという本格的なワークショップです。そこで地域の方々が主体となり多くのアイデアが出ました。

改めて気付いたことは、地域には本当に才能豊かでユニークな人がいるということです。まさに三人寄れば文殊の知恵で素晴らしい地域の「宝」が開発されました。

今度はその宝を披露する場が欲しいとなり、「産直とクラフト市」を開催することになりました。

「おてんとさんぽ」と名付けました。名付け親は若い社員です。2018年の時点で9回目になります。人口2万人の小さな町であるにも関わらず6000人以上が来場するイベントに育ちました。

地域で生まれた宝は、うちの会社で仕入れて販売もしています。例えば個性的な農家が丹精込めて育てたお米は非常によく売れています。お米は重いので宅配していることも人気の要因だと思います。

そして「その時」が来ました。

行政から「これぞ21世紀の地域づくりだ」と評価をいただき、予算をつくり地域づくりを全面的に依頼してくれたのです。直接的な地域づくりだけでなく、大学生をインターンシップとして町内企業に招くコーディネーターの役割も行って

地域の人たちと創り上げるイベント「おてんとさんぽ」

Column

います。地域外の若者だから気付く地域の魅力を掘り出すことを狙ってのことです。

今や地域づくりに関してはほぼすべてに関わらせていただいています。

これらの取り組みは私ひとりでは到底なし得ないことです。思いつきもしなかったでしょう。こうして新たな、そして大きな収益の柱を得てうちの会社は新業態へと変容したのです。

私も望み、社員も望み、顧客や地域が望む事業、まさに「望みの統合」により生まれたビジネスモデルだと思います。

4章

指示ゼロ経営の導入で
リアルに起きる
トラブルへの対処法

指示ゼロの現場で起こるトラブル

本章では実際に指示ゼロ経営を導入すると起こる様々なトラブルや悩みについて考えていきます。

ほとんどすべての方が導入後に予期せぬ事態に直面しています。その多くがトラブルです。それらは避けて通れるものとそうでないものがあります。避けられるものは未然に防ぐ、避けられないものは準備することが大切だと考えます。

トラブルのほとんどは好転反応です。これから良くなる前兆なのです。それを知らないと怖くなり、元に戻してしまうことがあります。良くなるのにもったいないですよね。

そこで典型的なトラブルをご紹介し、リーダーの課題と部下の課題、双方の対処法をお伝えします。その前に基本的な考え方を４つ確認します。

指示ゼロ経営を導入すると問題が増える

リーダーであるあなたは社内、チーム内のいろいろなことが気になると思います。業績のこと、部下のヤル気、チーム内の人間関係、残業、ルールの遵守など気になることばかりだと思います。そしてそれらを部下に提起することも多いと思います。「できていないぞ」と。

しかし同時に、部下がそれらに他人事だという不満もあるかもしれません。

「自分一人だけが心配している。何で他人事なんだ」と。

指示ゼロ経営になるとその悩みからは解放されますが、新たな悩みが出ます。それは部下が問題提起をするようになるので、社内、チーム内にいつも問題が転がっているという状態になることです。その理由は自由に発言をするようになるからです。導入するとこれまで問題が起きなかったのではなく表面化しなかっただけだと気付くでしょう。上司に意見する部下も増えます。仲間同士の衝突も増えます。

ミーティングのたびに新しい問題がテーブルに上がるようになります。この状態を経験した方の中には「指示ゼロ経営を導入したら会社が悪くなった」と心配される方がいますが、そんなことはありません。会社がよくなるためには問題が必要なのです。

私も指示ゼロ経営にしてから、自分が気付いていなかった問題が社内にあることを知り、少しめげました。


しかもチームが育つまでは問題を自分たちで解決しようとせずに、上司に報告するだけということも起こります。

「昨日、現場で○○な問題が起きたんですが……」と。何人もの部下から言われると「全部私のところに持ってくるな！」と怒りたくなります。しかしここがスタート地点だと覚悟しましょう。

表面化する数々の課題は、上司であるあなたひとりで解決する必要はないのです。むしろひとりで抱え込むと、部下が依存し集団はバカになります。

大切なのは問題を「チームの課題」にすることです。すでに述べましたが、正解がなく変化が激しい時代において、リーダーひとりの力では解決することができないという事実をチームで共有し、みんなの知恵で解決することです。

問題と課題は別物。その見極めをすること

起きた問題を冷静に見ると2種類あることがわかります。**ひとつは客観的な課題、もうひとつは感情の問題です。**よく「事象と感情は別物」といいます。起きた事実とそれをどう感じるかは別ということです。

例えば、雲ひとつない天気を見た時に「今日は洗濯がはかどるな」と喜ぶ人もいれば、「日焼けしちゃうじゃん」と感情を乱す人もいます。起きている事象は同じなのですが解釈が違うのです。**事象は「雲ひとつない天気」という事実だけなのに。**

そして感情を乱す人がいると、問題と認識されるのです。

これと同じことが職場でも起こります。ある部下が「そう解釈した」というだけのことが、さも大きな問題のように浮上するのです。

例えば、これはある会社で実際にあったことです。ある部下が大きな成果を上げました。みんながそれを喜び称賛しました。ところがそれを聞いた別の部下がなぜか上司にこう言ったのです。

「それって私にもっと頑張れってこと？」

わかりますか？　仲間が称賛されたのを「あなたは頑張りが足りない」と解釈してふてくされたのです。

ではこの部下の心を深く観ていくことにしましょう。この部下が本当に言いたいことは何でしょうか？　口にした言葉の背景にある思いです。きっとこうなのだと思います。

「私だって頑張っている。認めて欲しい」

これが本当に言いたいことですが、大の大人がそう素直に言いませんよね。職場で起きる問題にはこの手の解釈による問題が結構あるのです。でもこれはチームの課題ではないのです。

では、こうした問題にあなたはどう対処するでしょうか？

①本人をしっかり承認する

②メンバー全員が何らかで称賛されるように努力する
③放っておく

指示ゼロ経営的な答えは③の**「放っておく」**です。冷たいようですがこれが正解です。とは言っても無視するわけではありません。上司はいつも通り感謝の気持ちを持って普通に接すれば良いのです。

私はこの手の人を「構ってちゃん」と呼んでいます。構ってちゃんは自分が不満に思ったことを態度で表し、他者にメッセージを送っているのです。「構って」と。もっと正確に言えば**「私が悲しい思いをしているのは周りの人の配慮が足りないから。なんとかしてください」**と言っているのです。

つまり他者をコントロールしようとしているのです。もしこれに反応し「あなたも十分頑張っているよ」とやってしまうと、構ってちゃんは「してやったり！」となります。

そして人をコントロールすることを学習し、次にも同じようなことをするのです。かくしてチームの課題ではない妙な問題が増殖するのです。

放っておかれると、構ってちゃんは自立します。自立までには時間がかかるし苦しいと思いますが、少しずつ自立していきます。

そしてその姿を仲間が認めてくれるはずです。上司のあなたは、そんな素晴らしい**「チームに対し」**素直な気持ちを伝えましょう。

「ありがとう。こんなに素晴らしいチームになって嬉しい」と。

指示ゼロ経営になると様々な問題が起こります。その時に冷静に対応するためには問題と課題を見極める目が求められるのです。

リーダーひとりで負わなくていい

繰り返しになりますが、指示ゼロ経営の原則は**「集団には課題に対し自律的に役割を決め解決する力がある」**です。なぜしつこく繰り返すかというと、よほど意識しないと忘れてしまうからです。

リーダーには責任感が強い人が多いです。それゆえに何か問題が発生すると「自分がなんとかせねば」と誰よりも早く解決策を考えます。しかし、上司がそれをやると部下は依存し考えなくなります。

指示ゼロ経営セミナーの質疑応答では様々な質問を受けます。その多くが「こんなことが起こったらどうするか？」というものです。

例えば、**「会社の方針と違う行動をする人が出るのでは？」「仕事のスピードが遅くなるのでは？」「チームに任せたら責任の所在が曖昧になるのでは？」「自分勝手な部下が出るのでは？」**と本当にいろいろな心配をされます。

指示ゼロ経営セミナーの質疑応答はユニークです。私は答えを一切出さないのです。なぜなら正解はひとつじゃないからです。答えを出さない代わりにこうお伝えします。

「それは私ではなくチームに相談してください」

いただく質問のほとんどにこの回答をします。質疑応答になっていないのでクレームになるんじゃないかと心配になる時もありますが、これが指示ゼロ経営なのです。

参加者の皆さんは最初は苦笑しますが、この問答が何回か続くと「なるほど！」という顔をされます。集団の知恵で解決するという鉄則は頭では理解できるのですが、これまでの理想のリーダー像が邪魔をし、ついひとりで解決策を出そうとしてしまうのです。リーダーの性ですね。

すると次にこんな質問が飛んできます。

「チームに相談したら『そんなことまで私たちが考えなきゃいけないのですか』と言われそうなんですが……」

これはまだ十分にチームが自立してないと実際に起きます。部下の性だと思います。部下の多くも理想のリーダー像を持っているため上司に頼りたくなるのです。

この質問に対してだけは明確な答えがあります。

「銀だら売るって言い出すかもよ」

要するにリーダーが常に正解を示し続けることは難しいということです。リーダーの独断に任せたらチームもろとも地獄に落ちる可能性があるのです。

指示ゼロ経営は三人寄れば文殊の知恵で進化・成長する経営です。もちろん上司にしかできない決定もあります。そういう時は上司も話し合いに入ります。

幸い（？）私は銀だら事件の前科があるので社員の自立はスムーズにいきました。

自立したチームは一朝一夕に育つものではありません。問題に直面し、それを自分たちの力で解決する経験を重ねて育つものです。

上司は自らの力の限界を認めること。わかりやすく言えば「負けを認めること」です。そして集団の力を信頼し「力を貸して欲しい」と真摯な気持ちを伝えることが大切だと考えています。

任せることは口で言うほど楽じゃない

任せることは口で言うほど簡単なことではありません。部下はいとも簡単に「もっと任せて欲しい」なんて言いますが、任せるのはいろいろな意味で怖いものです。

そもそも人間は他人を簡単に信用できるほど成熟していません。だからこそ身を守り人類は今日まで続いてきたのだと思います。逆に、その性質を持ちながらも他人を積極的に信頼、協働する努力をしたから今日の繁栄があるのだと思います。

「任せる」

この身近でありながら難しい課題を考える必要があると思います。私が任せることに不安を感じた時にすることは**「不安の正体」**を探ることです。「何を不安に思っているのか？」を知ること。私の経験とこれまで指示ゼロ経営に挑戦した方々の経験を分析すると、次の2つがあると考えています。

- **自分でコントロールできなくなる不安**
- **部下が失敗したらどうしようという不安**

まずは**「自分のコントロール下に置けない不安」**から考えてみましょう。

それは想像以上に怖いものです。男性の読者なら少年時代にラジコンカーが操縦不能になって勝手に走り出したという経験があると思います。一度その経験をすると次から怖くなりますよね。チームが自ら考え行動するようになると、それと似た不安が襲いかかってきます。

不安は情動なのでその理由を言葉で表すことができません。**「なんとなく不安」**なのです。

そして正体のわからない不安は強烈に防衛の行動を起こします。具体的には何らかの理由をつけて部下の自発的な行動を止めてしまうのです。「そのプランでは上手くいかないと思う」とか、もっともらしいことを言って。

本当は**「コントロール下に置けなくて怖いから止めてくれ」**なのですが、本人は不安の正体に気付いていないので、そのもっともらしいことを本気で信じて言うのです。

あるいは不安が怒りに転換されることもあります。何か不快な気持ちになっているのだが、どうやらその原因は部下の行動にあるらしい……、そう思った瞬間に部下に怒りを覚えるのです。本当は部下ではなく自分の心が原因なのに。

これを解消するにはどうすれば良いか？

私はソニーの元常務、天外伺朗さんの経営塾に参加したことがあります。ソニー時代にＣＤやアイボの開発を成功させた方です。そこで自分の内面に向き合うことを学びました。天外さんは**「情動に接地する」**という表現をされていました。つまり自分の感情に向き合い味わうということです。

「ああ、この不安の正体はコントロール下に置けない恐れなんだ」と正体がわかると不思議なくらい不安が小さくなります。

リーダー業は修行なのだとしみじみと思ったのです。

次に**「部下の失敗に対する不安」**を考えてみましょう。

チーム内で最も経験があり仕事ができるのは上司のあなただと思います。だから部下に任せると危なっかしくて見ていられないとハラハラすることが多いのではないでしょうか？

中には失敗しないようにと事前に細かなチェック、お膳立てをする方もいます。しかし、それで部下は育つでしょうか？　一人前になるでしょうか？

私はならないと考えています。人を一人前にする一番の方法は「一人前として扱うこと」だと考えています。では一人前とはどういう人でしょうか？

自分（たち）で決め、行動したことによる結果を、自分（たち）で検証し、次に活かし成長できる人（たち）です。

社長、上司だってそうやって成長してきたはずです。多くの失敗を重ねそこから考え抜き成長したと思います。そういう意味では、部下の失敗を心配し事前に防ごうとするのは傲慢とさえ思うのです。もちろん会社をひっくり返すような失敗は許されません。しかしそんな失敗を部下ができるでしょうか？　ほとんどないと思います。

失敗の損失よりも部下が成長しないことによる長期的な損失の方が大きいと考えています。

失敗を許容する度量が上司には求められるのです。

また部下の失敗を心配する背景にはコントロール願望があるかもしれません。部下が自立すると自分の存在価値がなくなるという不安から、心配という形で関わり自分の欲求を満たそうとしているのかもしれません。**「私のおかげでしょ？」と認めてもらいたいのです。**

その願望に気付かない限り部下の自立は進まないと思います。

可愛い子には旅をさせよと言いますが、自立に向け上司は距離を離していくことが求められます。

これは子育てと同じだと思います。教育の世界には「子育て四訓」という金言があります。

子育て四訓
①乳児はしっかり肌を離すな
②幼児は肌を離せ、手を離すな
③少年は手を離せ、眼を離すな
④青年は眼を離せ、心を離すな

これは企業にも当てはまる部分があります。まず、最初の「肌を離すな」はありません。セクハラですから……。

「手を離すな」は上司が個別に手取り足取り指導している状態です。この状態から「チームに関わる」とした時が手が離れた状態です。しかし眼は離しません。信頼して任せて見守るのです。

これができると部下とチームは一人前に向け成長していきます。

最後の**「眼を離すが心は離さない」という段階は指示ゼロ経営の究極形です。**社長、上司が会社にいなくてもチームは自ら課題をみつけ解決し自己成長していきます。

子育て四訓は「離す技術」なのだと感心しています。

ちなみにリーダーが会社を空けるようになったらチームがダメになったという話をよく聞きます。

成功した会社の社長が講演などで引っ張りだこになっている間に会社がおかしくなるケースです。

これはまだ眼を離してはいけない段階で離してしまうことが原因です。

最後の最後まで生徒を見守った女性教師

とある中学校で1年生を対象に夢新聞ワークを行いました。担任は非常にヤル気の高い40代の女性教師でした。ワークの前に担任と打ち合わせをして夢新聞をやる意義を確認しました。

夢新聞を完成させることが目的ではありません。自分たちだけの力で協働を体験することで課題解決能力を養うことが目的です。「手は離すが眼は離さない」という状態をつくります。

だから私も担任も「教えない」ことを徹底します。しかし私も担任もその場にいられないくらいじれったい思いをします。

この時のワークでは特別支援学級の男子生徒がポツンと孤立していました。発達障がいのある子です。誰からも助けてもらえないし、自分から助けを求めることもしません。

その様子を見た担任が私のところに来てこう尋ねました。

「助けてあげて、とお願いするのもダメなんですか？」「ヒントだけ与えるのもダメですか？」と。

ダメです。すべて自分たちでやるから意味があるのです。制限時間までにできなくても良いのです。そこから課題を見つけ成長できるのだから。

制限時間、残り10分を切りました。しかし彼はひとり孤立したままです。

残り5分を切った時……、大きなテレビモニターの陰で担任の先生が私を呼びました。何だろう？　と思い行くと、先生は涙を浮かべ、震える声で言いました。

「彼、助けてもらってる……、あの子が助けに行っている……」

見ると、ある男子が動いたのです。その生徒の前に行き声をかけたのです。一瞬、私も担任も「お！」と嬉しくなりました。しかしすぐに立ち去ってしまいました。

私も担任もガッカリしました……が、次の瞬間、立ち去った生徒が友達を連れてきて2人体制で助け始めたのです。

ここで時間終了です。

結局ミッションは達成できませんでした。しかし彼らはどうすれば良かったかを知っていました。最後の振り返りで言いました。

「困っているのは知っていた。もっと早く勇気を出して助ければ良かった」「恥ずかしくて助けてが言えなかった。言わないといけない」

私はすごいと思いました。自ら気付く生徒の力、そして最後の最後まで見守った女性教師を。

その日の夜に担任からメールが来ました。

「今日は本当にありがとうございました。夢新聞、すごく楽しかったです。私がずっと気にしていた新聞が書けなかった生徒は、特別支援学級の生徒で、普段の授業はクラスにいない生徒でした。あの子が出来ないことを他の子は当たり前だと思って助けないかも……、みんな自分の新聞が大事で他人なんて目に入らないかも……、とずっとドキドキしていました。その生徒を最初に助けに行った生徒は、体育館で話を聞くときなど、真っ先に下を向いてだらけてしまう生徒でした。**今日の夢新聞がなかったら、私は助けに行った彼の足りない面ばかり見て、3年間過ごしたかもしれません。そして、彼の持っている素晴らしい面は、クラスの子誰もが持っているかもしれない面だと、改めて気づかされました。私、今日の1時間だけで、ずっと彼らを信用できます。中学生の可能性を信じられます**」

このメールを読み私は本当に嬉しくなりました。きっとこの先生はこれからの3年間、生徒たちに信頼と尊敬の念を持って接するでしょう。そして生徒たちはそれに応えて素晴らしく成長すると思います。

■ 指示ゼロ経営で巻き起こる問題

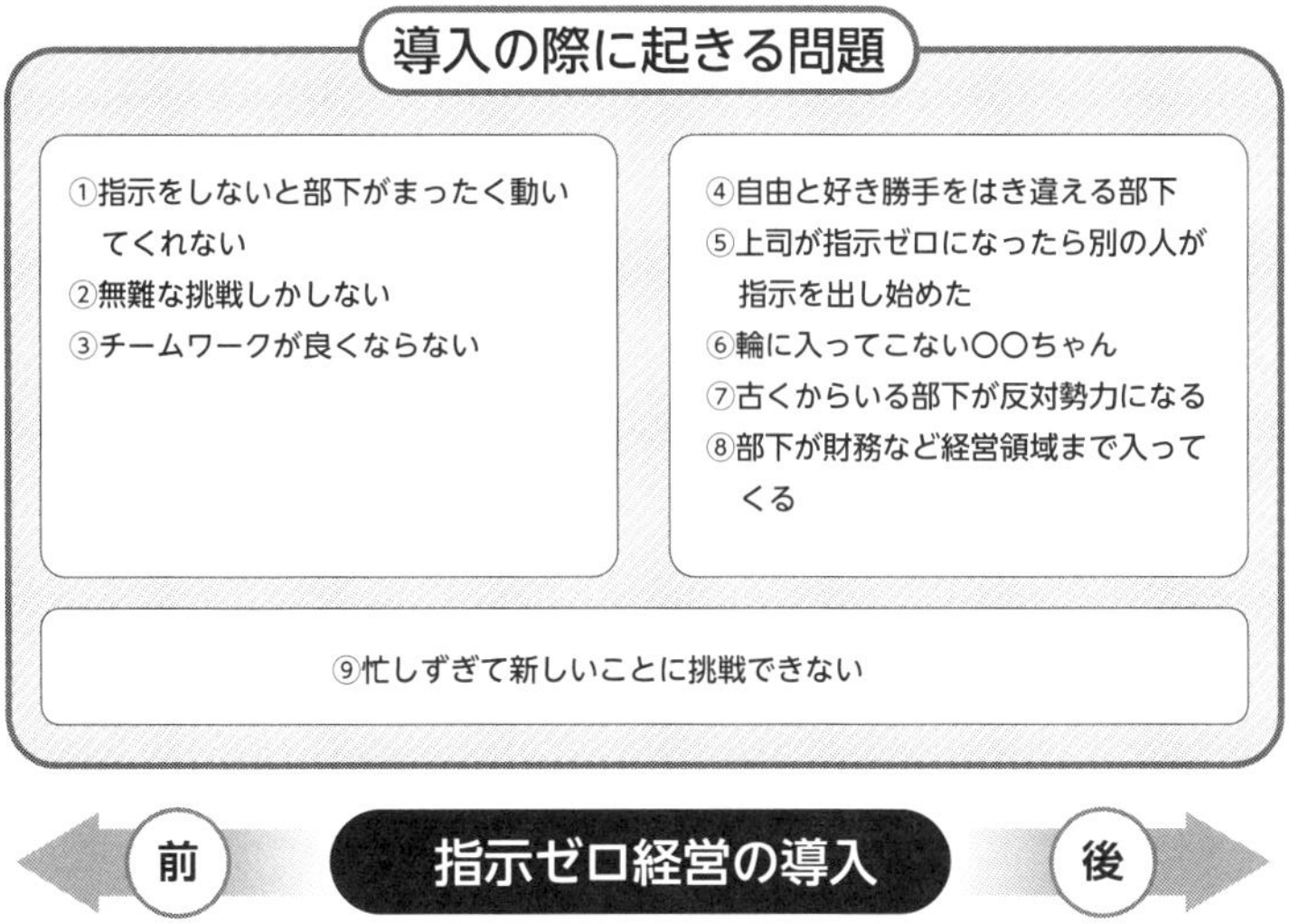
導入の際に起きる問題
①指示をしないと部下がまったく動いてくれない
②無難な挑戦しかしない
③チームワークが良くならない
④自由と好き勝手をはき違える部下
⑤上司が指示ゼロになったら別の人が指示を出し始めた
⑥輪に入ってこない○○ちゃん
⑦古くからいる部下が反対勢力になる
⑧部下が財務など経営領域まで入ってくる
⑨忙しすぎて新しいことに挑戦できない
前
指示ゼロ経営の導入
後

さてここまで問題発生の基本認識をお伝えしました。ここから先は具体的な課題、問題を紹介し対策を予習したいと思います。課題は指示ゼロ経営を導入する際に起きる問題と導入後に起きる問題、最初から最後までつきまとう問題に分かれます。

――導入の際に起きる問題

指示ゼロ経営になる要件を満たしたつもりなのに、どうも上手くいかないことがあります。その場合はじつは要件がしっかりと整っていないのでは？　と疑います。

指示をしないと部下がまったく動いてくれない

人は自分が望むこと（意義を感じること）であれば自発的に動きたくなります。しかし、やりたいと思っても恐れがある時には行動をストップしてしまいます。

例えば、購買行動がそうです。通販の広告を見て欲しくなった商品があるとします。しかし、そこに値段が書かれていなかったら怖くて注文はできませんよね。すべてが時価のお寿司屋さんには怖くて入れません。

「やりたい＋不安がない＝自発的な行動」

この公式で考えると以下の３つの対策が見えてきます。

①じつは望みの統合ができていない

例えばビジョンに関してゼロから部下が参画してつくった場合は良いのですが、リーダーにアイデアがあり、それを伝えるケースは多いと思います。その時に一方的に説得してしまうことがあります。

伝えたら部下が「ハイ」と言ったからといって望んだとは限りません。「それで良いです」という程度かもしれません。本当に望んだ時は「これで行きましょう」と言うはずです。「それ」と「これ」の差は大きいと思います。

なぜ望みが統合されないかというと対話が足りないからです。「自分はこうしたいが、みんなはどう思う？」と投げかけるプロセスを飛ばしてしまうからです。これは反対されることを恐れるからかもしれません。しかしこのプロセスを飛ばした代償は実行段階で払うことになります。十分な対話が欠かせません。

また望みの統合ができない理由に「リーダーが本音を言っていない」というケースもあります。

というかリーダー自身も自分の望みに気付いていないことが多いと感じています。本音を言っていないことは部下には伝わっています。リーダーが開示しないと部下も開示しません。

例えば、東京都青梅市に「アイビー リールリール」というアイビー化粧品の販社があります。

社長の関口敏江さんが以前に指示ゼロ経営セミナーを受講してくださり、本格的に導入しようとスタッフさんを連れて再受講されました。そこにいらしたのが21歳の美智さんという女性マネージャーでした。

受講から3か月後、美智さんはスランプに陥りました。社長の関口さんが「なんだか楽しそうじゃない」「元気がない」と気づいたのです。そして、たったひとことヒントだけを与えました。

「ひとりで抱え込まなくても良いんじゃないの？」と。

これを受け、美智さんは自分なりに考えました。

これまで美智さんが仕事を楽しむ姿に魅了された人たちが顧客になり、その中から一緒に働きたいと入社した方が多くいました。

自分が楽しんでいないのは大きな損失だと考えたのです。

楽しめない原因は、部下の指導をひとりで抱え込み、本来自分がやりたい仕事ができなくなったことでした。

そこでミーティングで部下に正直な気持ちをそのまま伝えました。

「私にはやりたい仕事があるから、みんなも自分たちで考えて。何かあったら相談に乗るから。みんなには自分たちの力で輝く力があるから」

自分に正直、純粋ですよね。同時に部下への信頼の表れでもあります。

元々美智さんの姿に憧れた方々です。部下もそれを望みました。その後は部下同士で学び合ったり助け合ったりするようになりました。

「何かあったら相談に来る」と思っていましたが、来るのは事後報告で、それらは美智さんも驚くような素晴らしい判断だったそうです。

その後、みんなで創り上げる醍醐味を知ったチームは、何かを発案する時には創発（ワイガヤ）をするようになり、素晴らしい成果をあげるようになりました。

②じつは心理的安全性がない

指示ゼロ経営では心理的安全性が基礎になります。上司に対してでも自由にものが言える雰囲気が必要です。そのためには変な報復をしないという信頼が欠かせません。

例えば評価を下げられるとか人事に影響するとか、そうした報復を受ける可能性がある以上、ほとんどの部下はじっとしていることを選びます。

自発的に動いて欲しいと願うなら、上司は信頼されるに足る器を身につけることです。

それか権力を手放すことです。

例えばこれは経営者にしかできないことですが、大阪のとある飲食店では社長が人事権の一切を手放しました。クビにできない、評価にタッチできないという状況を自らつくったのです。

信頼を制度で体現したわけですが、これも器のなせる技だと思います。

ここまでやれば本物ですが、もし自分が恐れられているという自覚があるならば、報復をしない宣言を「全員の前で」することが必要だと考えます。

③失敗を恐れている

これも心理的安全性に関することです。人は失敗を恐れていると行動しない方が利口と判断し、じっとしてしまうことがあります。ほとんどの人が過去に失敗を叱責された経験があります。それが心にブレーキをかけるのです。

ではどうすればブレーキは外れるでしょうか。

それは**失敗を許す**ことです。

とは言っても「失敗してもいいからな」とは言いづらいと思います。中にはいい加減な仕事をするヤツが出るかもしれません。

そこで責任の定義を明確にする必要があります。

責任には3種類あります。

「取らされる責任」「取る責任」「果たす責任」

取らされる責任は論外です。

指示ゼロ経営では「取る責任」は上司が負います。任せた以上、その結果に対しては上司が負うのが当然です。

部下は「果たす責任」を負います。つまり途中で諦めたり投げ出さずにやり切る責任を負うのです。これは事実上失敗を許すことを意味します。

上司と部下双方がそれぞれの責任を負った時に、部下は自発的に行動するようになります。

「前リーダーが指示100だった、これまで自分が指示100だった場合」

この場合は過去の習慣が骨の髄まで染み込んでいるので少々時間がかかります。生まれたときから鎖に繋がれた象は、鎖を解いてからもそれまでの範囲内でしか行動をしないと言いますが、これと同じです。

少しずつ行動範囲を広げるトレーニングが必要になります。

具体的には課題を自分（たち）で見つけることが一番難しいので、課題は上司が提起することから始めるのが良いと思います。ただしそれは一時的なもので、近い将来は自分たちで見つけられるようになって欲しいと伝えることが大切です。

課題は易しいものから始めるのが良いと思いますが、協働が起きるためにはひとりでは解決できない難易度が必要になります。さじ加減が重要です。

無難な挑戦しかしない

リーダーは大きなことに挑戦したいと思っている、でも部下は無難を求めている……、噛み合わないことはよくあることです。なぜそのようなことになるのでしょうか。

それは人間の「損を避ける」という性質にあります。簡単に言うと失敗のリスクがあるなら現状維持を選びたがるということです。

これを示す面白い実験があります。

当たりクジと外れクジが半々のくじ引きがあります。当たる確率は50％、外れる確率も50％です。当たりクジを引いた場合は1万円もらえますが、外れを引いた場合は5000円払わなければなりません。辞退するという選択肢もあります。

あなただったらどうするでしょうか？

多くの人が辞退を選びます。挑戦して一獲千金を狙うよりも損をしないことを選ぶのです。当たりの金額が外れの2倍ですから合理的に判断すれば挑戦した方が得なのにも関わらずです。

さらにもうひとつ「辞退した場合でも3000円もらえる」という条件を加えます。すするとさらに多くの人が辞退を選びます。

これを実際のビジネスに当てはめるとこのようになります。

新たな冒険に出れば大きな利益をつかむ可能性がある。でも失敗のリスクもあり損をする可能性もある。しかし現状維持でも（しばらくは）今の給料がもらえる。


挑戦とは人間の性質上とても無理があることがわかりますよね。

ではどうすれば良いのでしょうか？

それは損を避けるという性質を逆利用するのです。**つまり挑戦をしないと近い将来に損をすることを確認するのです。**

3章の「ビジョンデザイン」ではバラ色の未来を共有することをお伝えしました。感性優位のイノベーターはこれだけでも動きますが、多数派は損得勘定をします。挑戦のリスクを考えるわけですが、この時に**挑戦しないリスク**も併せて考えることが重要だと考えています。

これをすることにより初期段階でより多くの賛同者を得ることができます。ムーブメントが起きやすくなるのです。

チームワークが良くならない

人間関係が破綻していないことと望みの統合が前提になりますが、指示ゼロ経営成立の7要件を満たせばチームワークは良くなるはずです。それなのにチームワークがよくならない場合、次の3つを疑います。

①じつはひとりも見捨てないことが理解されていない

2章の繰り返しになりますが、人は不完全な存在だからひとりで望みを叶えることができません。だから共通の目的、目標を持ち、それをチームワークで実現し個々の望みを叶えていくわけです。

しかしこれは頭で理解できても、肚で解るには何度も口酸っぱく伝え、対話する必要があります。そのために**「ひとりも見捨てない」**という共通言語があるのです。

②上司がチームに課題を出していない

1章でお伝えした「個々ではなくチームと関わる」に関することです。これも多く見受けられるケースです。これまでの習慣が抜けきれずに、つい個々に厚い指導をしてしまいがちです。

夢新聞でもしょっちゅう起きます。子どもたちは分からないことを先生に質問する習慣があります。先生は教えるのが仕事です。せっかく集団がミッション達成に向け動き出したのに、子どもがひとりでも質問をして先生がそれに答えてしまうと自律的な動きが消滅します。

周りの子どもたちも「先生に聞けば教えてくれる」と思うからです。先生を頼るイノベーターの後にフォロワーがついてしまい、先生はあちこちから呼ばれ大忙しになります。

③課題が小さい

取り組む課題が小さいと個人主義や派閥が生まれます。協働しなくてもひとりでできてしまうからです。

例えば夢新聞では高校生以上を対象とする時には難易度を上げます。ひとりではできない状況をつくり出すのです。夢新聞を書くことにも意義があると思いますが、それ以上に協働を体験して欲しいからです。

また大きな課題でもみんなが挑戦したくなるためには業績に連動した賃金制度が必要になると考えています。苦労はするけれど成功した暁には賃金が増える、そんな希望が挑戦意欲をかきたてるからです。

情熱だけでは長続きしません。

自由と好き勝手をはき違える部下
——導入後に起きる問題

「指示ゼロ経営になるのは良いが、好き勝手やられたらたまったもんじゃない」

これは導入前に多くのリーダーが心配することです。そして心配した通りのことが起きる可能性があります。

例えばある会社では小学生のお子さんを持つ女性社員が「子どもが急に病気になったり参観日の時は早退できるようにすべきだ」と会議で意見を出しました。本人はいたって真面目に考えて提案したのです。

本人の言い分はこうでした。

「家族との生活が充実しないと仕事に集中できない」

確かにその通りだと思います。しかし上司であるあなたはその社員に何が足りないかわかりますよね？　上司なら当然のように早退した後のフォロー体制を考えます。それを考えずに自分の都合を通そうとするのは自由ではありません。好き勝手です。

自由には責任がともなう。

自由と責任はセットで存在します。

そして部下がこれを理解しないうちに指示ゼロ経営を始めるのは非常に危険だと考えています。その理由は、上司はダメ出しをせざるを得ないからです。ダメ出しが続くと部下は「どうせ提案しても結局上司がダメ出しするんじゃん」と思い、次から提案しなくなってしまいます。

これはボタンの掛け違いです。最初のボタンがズレていると、その先はズレたまま進んでしまいます。ではどうすれば掛け違いは防ぐことができるのでしょうか。

そもそも多くの場合、部下には好き勝手やっている自覚はありません。会社を良くしようと一生懸命に考えていることがほとんどです。しかし悪気はないのですが「しかるべき思考」をしないから好き勝手になってしまうのです。

その思考とは「プラス面とマイナス面を勘案する」というものです。

先ほどの女性スタッフの例でいえば、早退するプラス面だけしか考えずに提案しているのです。

■ 提案を受けるときに用意する4つのこと

①提案内容	②プラス面
子どもが急に病気になったり参観日の時は早退したい	家庭生活が充実することでより仕事に集中できるようになる

③マイナス面	④プラス面が活きマイナス面が解消されるアイデア
○仲間の負担が増える ○お客様からの急な問い合わせなどがあった時に、自分しかできない業務だとお客様にも仲間にも迷惑がかかる	○誰でも自分の業務ができるように業務の標準化を行う ○仲間に仕事をお願いする時は特定の人にかたよらないように分散する ○緊急時のために携帯電話はつながるようにする ○仲間が早退する時には率先して協力する

さて、それを解決する方法をご紹介します。非常に簡単な上に成果が出る手法ですので、ぜひ、取り入れていただきたいです。

部下に何か提案してもらう時に4枚の付せんに次のことを書いてもらいます。

①提案内容

②**それをするプラス面**
③**それをするマイナス面**
④**プラス面が活きてマイナス面が解消されるアイデア**

提案は事業計画に直接関係のあるものから働き方に関するものまでどんなことでもOKです。コツは、三人寄れば文殊の知恵が起きるように、同じ望みを持つ部下複数で取り組むことです。

アイデアが出たら発表してもらい、みんなで採否を決めます。上司の独断で決めないことがポイントです。

ちゃんとプラス面が活きてマイナス面が解消されているかをチェックします。OKならとりあえず3か月ほど試運転をします。そこで問題がなければ継続、問題がある場合は改善をしてもらいます。

これは部下が行う望みの統合です。自分が望むことと会社が望むことを統合させるのです。そして提案を「ひとしごと」丸ごと任せる方法です。**多くの会社では上司が部下から要望を聞き、上司が考え改善策を考えています。分離の構図ですよね。**そもそも上司ひとりがみんなの願いを叶えることは無理なのです。上司はひとりで抱え込むことになり気を病みます。同時に部下はワガママな子どもになってしまいます。自分が気に入らないことは全部上司に言います。望みが叶った時は喜びますが叶えられないと文句を言います。

放置しておくと社会人の三大疾病にかかります。

ナイナイ病（ウチの会社には○○がナイ）

オカシイ病（ウチの会社はここがオカシイ）

クレナイ病（会社は上司は○○をしてクレナイ）

かかってしまったら残念ながら特効薬はありません。習慣病なので時間をかけて治していくしかないのです。

4枚の付せんは心からオススメします。上司からすれば会社とチームが勝手に良くなっていきます。部下からすれば世界で一番働きがいのある会社を自分の手でつくることができるのです。他人が決めたことにただ従うのではない、他人の人生ではなく自分の人生を生きることができます。

これを導入するとワガママ・文句を言う部下が激減します。だって文句があるなら提案をすれば良いのだから。提案はしない、でも文句を言うなんて質の悪いガキと一緒です。そういう人は誰かに管理されなければやっていけません。自由にはなれないのです。

実際に導入しても提案をする部下は多くて3割ほどだと思います。しかし残りの7割は文句を言いません。

本当に会社が勝手に良くなっていくので、ぜひ挑戦してください。

私は、こんな提案が来たら面白いと思うものがあります。

週休7日、月給100万円

プラス面が活きてマイナス面が解消されるならOKですよね?

上司が指示ゼロになったら別の人が指示を出し始めた

せっかく上司が辛抱をして指示ゼロにしたのに、メンバーの中から仕切る人間が出ることがあります。特に古くからいる社員に多いです。しかしその人も悪気があってやっているわけではありません。

自分が頑張らねばと張り切っているか、ここぞとばかりに良いところを見せようとしているのかもしれません。

仕切る人間が出る原因の多くは、前述の「チームワークが良くならない」でご紹介した**「課題の小ささ」**にあります。**ひとりの人間が仕切れてしまう程度の課題だ**ということです。

逆に言うと、日常業務であるならば仕切りが起きてもさほど心配はいらないと考えています。

上手く回っているのであれば。

しかし日常業務も日々進化が求められますから変化しなければ問題が発生するはずです。

指示ゼロ経営では問題発生は最高のギフトだと考えます。なぜなら集団は課題に対し自律的に役割を決め行動する力を持っているからです。問題の中にはひとりの仕切りでは解決できないものも起きると思います。それがチーム成長のチャンスです。

心配しなくてもちゃんとギフトが降ってくる……、「天に任せる」というスタンスがリーダーに求められると考えるのです。

上司がノータッチでも現場が動くのであれば、その時間を使って挑戦的なたくらみをすれば良いと思います。ひとりでは仕切れないような大きな挑戦を考えるのです。それを発表し、対話する中で自律的なチームになっていくと思います。

指示ゼロ経営の真価は挑戦の時に発揮されます。日常業務を回すのであればあまり指示ゼロというスタイルにこだわる必要はありません。

輪に入ってこない○○ちゃん

次に取り上げる問題は上司が心得るべき重要なことです。私はよくこんな質問を受けることがあります。

「スタッフの〇〇ちゃんが輪に入ってこないんですが、どうすれば良いのでしょうか？」

質問に対する私の原則は「それは私ではなくチームに相談してください」ですが、これは例外です。

非常にまずいことが長期的に起きる危険性があるからです。

私の回答はこうです。

「輪を大きく描いてください」

そのリーダーが描いている輪が小さいのです。2章でお伝えした「リーダー役」「フォロワー役」「ギャラリー役」の話を思い出してください。全体の2割ほどギャラリー役はいるものなのです。いることが集団として健全なのです。

しかし小さな輪を描く上司は、一見して活発に活動しているリーダー役とフォロワー役だけで輪を描きます。

つまりギャラリー役を排除していることに他なりません。**「輪に入ってこない」と嘆いてはいますが、実質は仲間はずれにしているのです。**嘆けば嘆くほどに輪に入ってこられなくなります。

こうしてチームの問題児ができあがりますが、これはまだ悲劇の序章です。

リーダーが排除するとメンバーも「また◯◯ちゃんか、しょうがないな」と思うようになります。人は比較する生き物なので、問題児がいると自分が相対的に上になり安心します。

「自分よりダメなやつがいると安心」。そんな経験はないでしょうか？

人の集団は怖いもので、これが習慣化すると常に問題児を求めるようになります。もし問題児とされているスタッフが辞めても、次の問題児をつくり出す危険性があるのです。

そんなチームには「心理的安全性」はありません。次に見捨てられるのは自分かも？

という不安があったら仕事に集中できませんよね。
輪は大きく描くことが重要なのです。

古くからいる部下が反対勢力になる

先代から事業承継をした後継社長や他部門からいきなり抜擢されたリーダーの多くがこの問題に直面します。洗礼と言っても良いと思いますが、そもそもなぜ反対されるのでしょうか。

理由はシンプルです。新しく就任したリーダーは何かを変えようとします。しかし現状を変えることとは、古くからいる部下にとっては自分が否定された気分になるものです。革新とはある意味、過去を否定することですから。

リーダーにとって最も怖いのは古参の影響力です。反対勢力を作られたらチームが機能しなくなります。まさにリーダーの器が試される試練です。

じつは私はこれで失敗をしました。社長に就任してすぐの頃に力でねじ伏せようとしたのです。逆効果でした。私がいる時にはおとなしくしていますが、いない時に勢力が拡大していったのです。当たり前だと思います。

勢力が拡大していることは私も感じていました。そしてさらに古参に厳しく当たるようになりました。「私の方針に従えない人は辞めてもらってもいい」と会議で言ったこともあります。

器が小さかったのです。

よく「改革に反対の人は去ってもらってもいい」と言うリーダーがいます。これは私ひとりでもやるという意思表示で肚をくっていると思います。

私の場合は自分に従えない人は辞めてもらってもいいという、小さくセコい独裁者だったのです。

ますます反対勢力は大きくなっていきました。

新入社員が入ってもすぐに古参に染まってしまいました。

まさに四面楚歌、その時に私の小さくセコい殻にヒビが入りました。何で理解してくれないんだろう？　と思った時に「逆に私は古参の気持ちを理解しているか？」と思ったのです。

まったく理解していなかったのです。

彼はなぜ反対勢力をつくったのか。それは恐れなのです。私が組織を統治できなくなる恐れからねじ伏せたように。

彼は自分が否定されたと思い悲しかったのです。自分はお払い箱になるかもと恐れていたのです。

でも大の大人はそれは口にしません。私は行動の背景にある気持ちを理解すべきだったのです。

「私だって頑張ってきたんだ」「価値ある人間なんだ」

そう伝えたかったのです。

私は自分が恥ずかしくなりました。今があるのは過去のやり方が正しかったからです。先人たちのおかげなのです。そこに感謝もせずに変革しようだなんて愚か者です。

私は古参と2人で飲みに行き尋ねました。亡くなった父がどんな人だったのか？　父とどんな仕事をしてきたのか？

酔いも手伝い、初めて伝えることができました。

「そのおかげで今があるんですね。本当に有り難いです。今を土台にして未来をつくっていきたいから力を貸してくれませんか」

翌日、古参は部下に言いました。

「おい、新しい社長が会社を変えるって言ってんだ。言うことを聞けよ」

まったく指示ゼロ経営的ではない言葉ですが、私は涙が出るほど嬉しかったです。

『過去には感謝を、現在には信頼を、未来には希望を』。ドイツ哲学者、オットー・フリードリッヒ・ボルノーの言葉通りだと思います。

部下が財務などの経営的領域にまで入ってくる

部下に経営者意識が芽生えると、これまで社長だけが判断してきたことにまで意識を向けるようになります。例えば経費の使い方や自己資本、借り入れ、時には役員報酬が適正かといった分野にまで及ぶことがあります。

指示ゼロ経営は情報開示を基本にします。3章で述べたように人は自分で決めることができ、その結果（変化）を自分で確認した時に自発的なヤル気が生まれます。自分で決めるためには情報が必要です。行動による変化を客観的、定期的に知るためにも情報が必要です。なので決算書の公開は必須なのです。

社員が会社を本当に大切に思うと、決算書の中身も気にするようになります。

社長にとっては怖いことですが、私は歓迎すべきことだと考えています。一緒に悩み考える味方が増えるからです。

経営の金銭的な目標は、必要な利益を出し、税金を払い、自己資本を増やし、働く人の賃金を増やすことです。

その社長の望みを同じように望む味方が現れるのだから歓迎すべきことだと考えるのです。

しかし怖いものは怖いです。

もしかしたら「社長の接待費はこんなに必要なのですか?」と指摘されるかもしれません。

もしやましい支出があるならすぐにでも正すべきだと思います。しかしそうでなければ堂々としていれば良いのです。必要なのですから。

「役員報酬が高すぎませんか?」と言われるかもしれません。

指示ゼロ経営を受講された社長の多くが役員報酬を知られることを最も怖がります。

きっとたくさんもらっているのでしょう。

社員の賃金が業界や地域の平均を下回っているのに、社長だけが極端に高額であれば改善が必要だと思います。そうでなければそれで良いのです。

その理由も望みの統合にあります。

何のためにリスクを背負ってまで商売をしているかと言えば、その理由のひとつに稼ぎたいからという望みがあるはずです。そうでなければ営利企業である必要はないですから。

社長の望みだけが叶えられるのは問題です。逆に社員の望みだけが叶えられるのも問題です。

報酬に関して言えば、望みの統合を本当に理解すれば奪い合う発想にはなりません。パイを増やし、みんなの望みを実現することに意識を向けるはずです。

そのためにも、賃金において望みの統合を行うためには儲かったらちゃんと社員の賃金に反映される制度が必要だと考えます。

ちなみに私は役員報酬が高いと言われたことがありますが、こう答えました。

「だって稼ぎたくて社長をやってんだもん」

それでも怖い場合は、詳細な情報公開まではしないという手もあります。

例えば固定費や賃金の内訳までは明かさないという方もいます。指示ゼロ経営はすべてを委ねる経営ではありません。どこまで委ねるかは会社によって違って良いのです。

これ以上公開したら怖くて毎日がつまらなくなってしまうのであれば制限しましょ

う。

不安で仕事に集中できなくてはもったいないですし、社長の不安は全体に影響しますから得なことではありません。

「これ以上は公開できない。私に一任してくれ」と伝えましょう。そしてそう言った以上は判断はひとりで的確にやることです。

——最初から最後までつきまとう問題

忙しすぎて新しいことに挑戦できない

グーグル社にはかつて「20％ルール」なるものがありました。勤務時間の20％は、通常の職務を離れて自分のやりたいことに取り組んで良しというルールです。私は未来を考える時間と解釈しています。しかしこれをするためにはゆとりが必要です。目の前の仕事でいっぱいいっぱいでは不可能です。

指示ゼロ経営では部下を手足ではなく頭脳と観ます。会社の未来を創る重要なパートナーなのです。やはり20％ほどは未来を考える時間が必要だと考えています。
ところが現実は「ただでさえ忙しいのにそんな余裕はない」と部下から言われることがあります。これは言い訳ではなく本当にそうなのです。

ゆとりをつくることは3章でお伝えした「ひとりも見捨てない」にも繋がります。ゆとりがあるから困っている仲間を助けることができます。その結果ボトルネックが解消され「全体として」成果を上げることができます。

ゆとりをつくるためにはどうすれば良いのか？
やっていただきたい事とやめていただきたい事があります。

やっていただきたい事は職務拡大目標です。

通常業務から離れられる時間的ゆとりを持つことを目標にするのです。20％ほどであれば不可能ではないと考えています。

手順は次の5つです。

①上司は催促をやめる
②ムダな仕事をやめる
③残った仕事を効率化する
④パートさんに譲る
⑤増員する

手順が大切です。いきなり増員をしてはいけません。まずは業務をスリムにすることです。部下は忙しいとすぐに「人手が欲しい」と言いますが、業務がごちゃごちゃなのに増員するとさらにごちゃごちゃになってしまいます。

①上司は催促をやめる

ゆとりをつくるためには仕事をムラなくキレイに流すことが大切です。忙しい時と暇な時の落差がない状態、ボトルネックに仕事が溜まらない状態が理想です。そのためには自分で仕事をコントロールし、自分のペースをつくることが大切です。

しかし、それをいとも簡単に破壊するものがあります。

上司の催促です。

「あれ、どうなった⁉」「これ、早くやってよ」

大抵の場合、催促されるのはボトルネックの部署です。仕事が流れずに溜まっているから催促されるわけですから。

上司が催促した仕事はすべてに優先されます。すると本来やるべき仕事がストップし、さらに流れが悪くなります。これは自ら首を絞める行為です。ただでさえボトルネックなのにそれに拍車をかける行為です。上司自ら業績を下げる原因を作ることになるのです。

「あれ、どうなった？」は禁句にしましょう。

② ムダな仕事をやめる

社内にはムダな仕事、そこまで時間をかけなくても良い仕事がたくさんあります。

例えば、以前に企業研修でお邪魔した会社では事務員さんがエクセルでカラフルな表を作っていました。何を作っているのかと尋ねると、なんと「お茶汲みのローテーション表」でした。そんなに手の込んだ表にする必要もありませんし、お茶は飲みたい人が自分で煎れれば良いと思ったのです。

もしその仕事に誇りを持っていたら可哀想だとは思いますが、チームと会社のために廃止し、その才能を別のことに使ってもらいましょう。

さて、ムダな仕事と必要な仕事はどのように仕分けするのが良いでしょうか。

それは次の２つの質問で判断できます。

何のためにやっているの？
それをやめたら困ることがある？

何のためにやっているかに即答でき、やめたら困る仕事は必要な業務です。ただし困るというのは、部長が「オレに自分で茶を煎れろっていうのか？」と怒るのは該当しません。
逆にその人がお茶を煎れるとみんなのモチベーションが上がるとしたら、必要かもしれません。

目的が即答できない、あるいはやめても困らない仕事は撤廃しても問題はありません。

社内にはこのような仕事が結構あると思います。

③残った仕事を効率化する

仕事の効率化はじつは私も苦手とするところです。しかし「たくらみ屋」の相棒、森本繁生さんから教えてもらった方法ですごく仕事がスムーズに進むようになりました。その考え方は「シングルタスク」というものです。有名なのでご存知の方も多いと思います。

考え方はいたってシンプルです。ひとつの仕事が終わったら次の仕事に取りかかるのです。

対しあれもこれもと手を付けるやり方がマルチタスクです。やってみるとわかるのですが、シングルタスクにすると仕事のスピードは格段に上がります。

マルチタスクはどなたでも日常的に経験しています。例えば、パソコンで仕事をしているとSNSの通知が表示される事があります。「○○さんからメッセージが届きました」と。

つい気になって開くと、そちらに意識が奪われてしまいます。作業に戻ると「あれ？何をやっていたんだっけ？」となるのです。

その待ち時間の蓄積で仕事が遅くなるのです。

なので、ひと仕事終わらせてから次の仕事に取りかかるのが良いのです。

これを応用した少しブラックな事例もあります。私の友人は若い頃に電話営業をやっていました。先輩から伝授された方法は「手と受話器をビニールテープで縛る」というものです。受話器を置けないようにするのです。友人いわく「受話器を置くと一服しに行ったりコーヒーを飲んだりと待ち時間ができて仕事が遅くなる」とのことです。

仕事が速い人は手足を速く動かしているわけではありません。待ち時間を短縮しているのです。

そのためにシングルタスクを心がけましょう。

④パートさんに譲る

ある程度の規模の会社には雑務（あまり使いたくない表現ですが）をしてくれるスタッフがいると思います。多くの場合事務のパートさんだったりします。その方がやっているムダな仕事をカットした上で作業を譲るのです。

その時に大切なのは３つの事柄を伝えることです。

「なぜお願いするのか」「何をお願いするのか」「どのようにやるのか」

特に大切なのが「なぜお願いするのか」を伝えることです。よくいますよね、これを伝えずに「お願い」とポンと渡す人が。

人は意義がわからないことには自発的になれません。

レンガ積み職人の事例で言えば「歴史に残る偉大な大聖堂を造りたいから」と理由を伝えることが大切です。

伝える時は「○○したいから」と自分の意向を自分の言葉で伝えることが大切です。

よく「○○すべきだから」「○○する必要があるから」と伝える人がいますが、あまり相手の心に届きません。その理由は想いを感じないからです。誰の想いかもわかりません。「○○すべきだから、あなたもすべき」と義務を押し付けられたと感じます。

人のモチベーションは情動から生まれます。理性ではありません。理性は情動を補足するために働きます。

だから自分の想いを伝えた上で「だからお願いしたいのです」と伝えることです。

目的を達成するために頼られたと感じてもらうことが大切です。

さらに、伝えたからお願い、ではなく、本人と対話することが大切です。チャレンジャーでない限り新しい取り組みには不安を感じると思います。「でも…」がたくさん出ると思います。

私の経験では「でも」の代表は失敗した時の恐れと忙しくなることへの抵抗です。
だから任せた以上こちらの責任であることと、忙しい時はヘルプに入ることを伝えることが大切だと考えています。

その上で人員が足りないとなったら増員を検討します。

増員は最終手段です。

さて、やっていただきたい事として職務拡大を上げましたが、次にやめていただきたい事をお伝えします。

手を休めずに働くことを要求する

通常良しとされていることで多くの方がやっていることですが、これをやめていただきたいのです。

「仕事が終わったらボケっとしていないで自分で次の仕事を探せ」と部下を指導する上司がいます。

暇は悪だと言わんばかりの情熱ですが、これが企業衰退の原因にすらなると考えています。

その理由はムダな仕事をつくり出してしまうからです。人が善良で真面目であるがゆえに起きることです。

例えば私が20代の頃に働いた会社（小売業）でも同じようなことを言われました。

一番忙しいのは朝と夕方でした。昼過ぎは比較的ゆっくりできるのですが、店長はそれを許しませんでした。

「自分から仕事を探しなさい！」と言われ、たくさんの仕事をつくり出したものです。

例えば、ある社員は「顧客カルテ」をつくり出しました。お客様との会話などを記録したものですが、活用した場面を1回も見たことがありません。それもそのはずです。作成の目的は暇をつくらないことだったからです。

他にも、（これ以上拭く必要のない）蛍光灯の掃除を始める社員もいました。毎日午後になると脚立を持ってきては掃除を始めるのです。

「これ以上、キレイになるんかい？」と疑問に思いながら彼の勇姿を眺めていました。

でも上司はご満悦でした。

そんな文化があったので暇そうにボケ～としていると罪悪感を抱いたものです。

こうして編み出された仕事たちは、やがて立派なルーティンワークになります。その仕事によりどんな生産物があるかは一切気にせず、それを忙しそうにこなすのです。後から入った後輩は「やらなくても良いのに」と思っているのですが、まさか口には出せません。先輩が創った「目的を即答できない仕事」は連綿と受け継がれていくのです。

こうして自らの手で、未来をつくる時間とボトルネックを解消するゆとりを奪うのです。

人は与えられた時間を目一杯使いたくなるのです。

これをパーキンソンの法則と言います。

「仕事の量は完成のために与えられた時間をすべて満たすまで膨張する」というものです。用意されたものを全部使いたがるという人間の性質がある以上、よほど意識しないといけません。

暇な時は暇にしていた方が良いのです。いっそ「帰ったらどうか？」とさえ考えています。

信頼関係がない場合は指示ゼロ経営は導入しない方がいい

最後に重要な事実をお伝えします。**上司と部下との間に信頼関係がない場合は指示ゼロ経営の導入は見送りましょう。**

その理由は職場が疑心暗鬼に支配されるからです。常に不安で創造的な仕事はできません。ワイガヤのミーティングもできません。部下が自分が見ていないところで動くと怖くて仕方なくなります。

例えば、ある会社では過去にリストラが行われました。社内は大混乱しました。社員はいつも「次は自分の番かも」という不安を抱えながら過ごしたそうです。上司に呼ばれるたびにビクビクする……。心理的安全性は完全に破壊されました。

ビクビクしたのは社員だけではありません。社長も「労働基準監督署に駆け込まれるかも」「反乱を起こされるかも」と眠れぬ日々を送りました。終業後や休日に社員だけでリストラ対策のミーティングも開かれていたそうです。そのことは社長の耳にも届いていました。本当に怖かったと言います。

リストラは1回限りで終わったのですが、その時のトラウマはずっと引きずりました。社員は「いざとなったら社長は何をするかわからない」と不審を持ち続けました。社長は社員だけでミーティングをしていると「何か悪いことを企んでいるのではないか」と思ってしまい耐えられなくなりました。


人は自分の身を護るために嫌な思い出はいつまでも忘れません。忘れたように思ってもずっと心の奥に残り続け、何かのきっかけでフラッシュバックするのです。


私がその会社の社長に出会ったのは指示ゼロ経営セミナーでした。受講後にこう言いました。

「ウチには絶対に無理だ」と。想像しただけで恐ろしくなるようです。

それでもチームに関わることから挑戦しました。自分はチームの外から見守るスタイルをとったのです。

まず耐えられなくなったのは社長でした。自発的なミーティングが行われる度に、三人寄って文殊の悪知恵を働かせているのではないかと疑心暗鬼になってしまったのです。ミーティングでどんなことが話し合われていたかはわかりません。しかし強く根を張った過去の記憶が邪魔をして信頼することができませんでした。

社員との間に溝ができると本音で話せず、さらに溝が広がります。広がった溝はさらなる疑心暗鬼を生みます。

結局、指示ゼロ経営は断念しました。

指示ゼロ経営が絶対的な正解ではありません。その社長はトップダウンではあっても、強く優しいリーダーシップで会社を引っ張っています。

コラム

「社長、売上をごまかしているでしょ？」

私が指示ゼロ経営を導入して5年ほど経った時に非常に辛い経験をしました。

ある朝いつもように出社すると、珍しく4人の幹部社員がすでに出社しているではありませんか。

すごく嫌な予感がしました。じつは1週間ほど前から社員の私に対する態度が冷たかったのです。

「これは何かある」。一瞬で警戒モードに切り替わりました。

会社に入ると一斉に私を見て、ひとりの社員が「社長、ちょっと会議室に来てもらっても良いですか？」と言います。処刑室に連れて行かれる囚人の気持ちが少しわかりました。

会議室に行くと何やら資料が用意されているではありませんか。見るのも怖かったのですが社員から話を切り出しました。

「社長、説明していただきたいことがあります」

こういう時に限って敬語になるんですよね。

どうやら私が売上をごまかしていると疑っているのです。毎月、月次損益計算書を会計事務所につくってもらっているのですが、その数字と顧客管理用のアプリの売上高が合わないというのです。それを説明しろと。

私はアプリのデータをほとんど見ないので訳がわかりませんでした。明らかに挙動不審だったと思います。するとある社員が「まさかごまかしていないですよね?」と言うのです。ごまかしなどしていません。する意味もありません。

そこで「会計事務所に聞いてみる」と言ったはいいのですが、まだ朝早く始業まで15分ほどありました。

その15分は5時間くらいの長さに感じました。

時間になり会計事務所に電話をしました。担当者に事情を説明しました。

すると……、「米澤さん、ずっと前にも言ったと思いますがね、アプリの売上は税込みなんです。損益計算書の数字は税抜き、ぜ・い・ぬ・き、なんです。覚えてくださいよ。ハハハっ」

静けさの中、電話越しに税理士の陽気な声が響きました。

私は冷たく「そうだとよ」と言い放ちました。

社員は黙り込んでしまいました。

私は疑われたことがすごく悲しかったです。そのまま応接室に避難しました。

10分ほど経った時にノックがしました。「どうぞ」と言う前にひとりの社員が入ってきました。

「疑ってすみませんでした」と深々と頭を下げました。言い訳は一切しませんでした。

「絶対にそういう事をする人ではないと知っていました。でも、小さな疑いが大きくなってしまいました」

私は訊きました。「なぜオレがごまかしたと思ったの？」

社員は答えました。「売上を低く見積もってオレたちを煽ろうとしたのだと疑ってしまったのです」

私は怒ることができませんでした。じつは指示ゼロ経営を始めるずっと以前、まだ決算書を公開する前にそれをしたことがあったからです。オオカミ少年のように「ヤバいぞ、このままではヤバいぞ」と煽ったことがあったのです。

因果応報なのだと思いました。

続けて社員は言いました。「責任は私にあります。責任をとって退職します」と。

その時、どうして自分の口からこんな言葉が出たかまったく覚えていませんがこう言いました。

「辞めたら責任はとれない。辞めるのは無責任だ」

私は頭が混乱してその日は家に帰りました。一晩明けて冷静に考えて気付いた事があります。

「そんなに熱心に売上高を見ていたんだ」と。

ちょっと早とちりですよね。変だと思ったその時に「数字が合わないのはどうしてですか？」と聞けば済むことです。

しかし、これまで数字に無関心だった社員が真剣に売上を考えてくれていることが嬉しく思えたのです。

それと決算書を公開する際には読み方を指導することも重要だと、良い教訓になったのです。

5章

指示ゼロ経営を安全に導入する方法

指示ゼロ経営へ向かうトレーニング

指示ゼロ経営はリーダーにとっても部下にとっても怖いものです。リーダーにとっては、チームが自分のコントロールから離れて動くことに対する未知の恐れがあります。

部下にとっては、これまでの上司への依存を断ち切り自立するわけですから不安は尽きません。何よりも指示ゼロ経営のイメージがつかめない不安は大きいと思います。そこで5章ではスムーズに移行するために社内でできるトレーニングをご紹介します。

いきなり現場で導入するのが怖い方は、日々の業務とは別の場で指示ゼロ経営を体感し、その学びを日常業務に活かしていただきたいと思います。

指示ゼロ経営は頭で理解してもできるようにはならない

指示ゼロ経営に限らずどんなことでも理屈だけを知ってもできるようにはなりません。泳ぎ方の本を読んでも実際に水に入らないことには泳げるようにはなりません。自転車に乗れるようになった時のことを思い出してください。最初から乗れた人はいませんし、乗り方の教科書を読んだという人もいないと思います。やっているうちに乗れるようになったはず。身体で覚えたはずです。

できるようになるには「まずやってみる」ことが一番です。これを私は「まずやる学習法」と呼んでいます。

例えば、私たちが母語を習得したプロセスがすべてを物語っていると考えています。私たちは基本的に日本語の達人です。作家や講演家は別格だとしても外国人から見たら天才的だと思います。

もし外国人が大人になってから日本語を習得しようと思ったら、膨大な時間とお金が必要になります。

さて私たちはどのように日本語の達人になれたのでしょうか？

それは次のプロセスがあると考えます。

①楽しいそうに会話をしている家族が身近にいて輪に入りたいと思った
②文法から学ばず、まずやってみた
③家族からのフィードバック

このプロセスを踏めばどんなことでも達人になれると考えています。

仕事を楽しむチームで人が育つ

私たちは生まれた瞬間から家族が楽しそうに会話をしている姿を見ています。人は関係性の生き物ですから、その輪に加わりたいと望みます。誰に言われたことでもない、自らが望んだことです。

もしこれが毎日ケンカばかりだと、学ぶ意欲は著しく落ちると思います。

神話で天照大神が天岩戸《あまのいわと》の洞窟に引きこもってしまったという逸話があります。まわりの神々はどうしたら良いかと話し合いました。その結果出たアイデアが「岩戸の前で楽しそうに踊る」というものでした。

楽しそうな声を聞いた天照大神は思わず岩戸をそっと開けてしまいます。その瞬間に岩戸のかげで待ち構えていた天手力雄命《あまのたぢからおのみこと》がこじ開け岩戸を投げ飛ばしたという話です。

「人は自らの意思でのみで行動する」という指示ゼロ経営の本質がわかる逸話だと思います。

これを職場に当てはめると、**みんなが楽しく働いている環境で人が育つ**ということです。

事実、指示ゼロ経営に成功した会社には多くの求職者からの問い合わせが来ます。楽しくイキイキと働いているスタッフを見た人が憧れるからです。

そして入社してからあっという間に指示ゼロ経営的な行動を身につけます。理屈を知らなくても、先輩たちがやっているのを参考に行動してみるからです。

もちろん理屈が役に立たないわけではありません。身体で覚えながら理論的に学ぶことは大切です。

環境が重要です。もし職場の雰囲気が暗いのであれば、まずはそこから着手することです。

そこにはリーダーのあり方が大きく影響します。まずはリーダーが仕事を楽しむことです。

部下をヤル気にさせようと無理して褒める必要はない

指示ゼロ経営では褒めて伸ばすという考え方はしません。子どもが褒めずともゲームに夢中になるように、自らが望んだことであれば自発的に取り組むからです。

褒めることは報酬のひとつです。報酬で人を動かすと報酬をやめた途端にヤル気を失います。ずっと褒め続ける、あるいは、もっと激しく褒めなければならなくなります。麻薬みたいなものだと思います。


人は自分で決め行動し、その結果（変化）を自分で確認できた時に自発的なヤル気を生み出します。例えばプロの芸人が精進するのはお客さんの反応が欲しいからです。お客さんによって育てられているのです。

芸人はお客さんにウケなかった時に師匠から「でも頑張ったよ」と言われてもあま

り嬉しくないと思います。「結果を出していないのに褒めないでくれ」と思うかもしれません。

自立した人はそうなのです。

かと言って無反応も良くないと思います。

ではどんなコミュニケーションが良いのでしょうか？　これを考える上で褒めるという行為をしっかりと考えていきましょう。

褒める行為は上の者から下の者に対し行われるものです。

例えば上司が部下に「よくやった」「偉いぞ」「頑張ったな」「いい出来だ」「大したもんだ」と声をかけるのには違和感はありません。

これを部下から上司に言ったらどうでしょうか。

「よくやりましたね」「偉いです」「頑張りましたね」
「いい出来です」「大したもんです」

敬語を使ってもカミナリを落とされますよね。

これが褒める行為が上の者から下の者に行われるという意味です。
ではこんな言葉だったらどうでしょうか。

「ありがとうございます」「すごいです」「嬉しいです」「助かりました」

上司から言っても部下から言っても違和感はありません。
これらはどういう性質の言葉でしょうか。
それは**「自分が感じたことを言葉にした」**ということです。仕事上の人格ではなくひとりの人間として放った言葉です。

私たちが日本語を習得する際には家族のフィードバックが欠かせません。子どもが初めて言葉を口にした時に「頑張ったね」なんて言いませんよね。素直に「おお！しゃべったー!! すごいな〜」と喜ぶはずです。
相手の成長を狙った褒め言葉ではなく純粋な喜びの言葉です。

指示ゼロ経営では一人ひとりではなくチームと関わります。しかし、個々とのコミュニケーションがないわけではありません。個別指導はしなくても部下が頑張っている姿に感謝の気持ちを伝えることはとても大切なのです。

トレーニングの効果的な進め方

トレーニングは6ステップで進めていきます。

①「なぜやるのか？」の確認

トレーニングの目的をメンバーと共有することが大切です。人は意義がわからないことには自発的にならないからです。「何を、どのようにやるか」は後で言えば良いのです。

なぜトレーニングをするのか？　それは指示ゼロ経営を実現するためですが、肝心なのはその先です。**指示ゼロ経営は何のためにやるのか？**　です。

それは3章でお伝えした**「会社の繁栄を通じ一人ひとりの望みを叶えること」**です。**望みの統合です。**これを確認しないと自分事にはなりません。

②ひとりも見捨てないことの確認

三人寄れば文殊の知恵とボトルネックの話を通じ、ひとりも見捨てないことが全員にとって得だということを伝えましょう。

この2つがリーダーから伝えることです。この先の進行はリーダーではなく部下に任せましょう。

③進行役の選出

これまでの経験からトレーニングの進行役は若手に任せるのが良いと考えています。指示命令ができないからです。またトレーニングのたびに進行役を変えることです。

進行役は上司が指名しないでください。名乗り出るまで待ってください。3分でも10分でも30分でも。

トレーニングはこの段階から始まっているのです。

④ワークの実施

楽しく学べるワークをこの後で5つご紹介します。

⑤ 振り返り

振り返りは非常に重要です。ワークはゲーム的でとても楽しいものばかりです。楽しく学ぶと学習効果が高まります。しかし楽しいだけで終わったら意味がありません。

チームが未熟だと振り返りが馴れ合いになることもあります。なんとなく「みんな良くやったよ」で終わらせてしまうのです。

そんな時は上司の出番です。上司の役割は「事実を伝えること」です。例えば「反論者がいなかった」「衝突を恐れて議論を深めなかった」などと。

ここで注意することがあります。

事実は指摘するが、どうすれば良いかは教えない

これは2章でお伝えした「ケチはつけるが答えは出さない」です。

つい事実を指摘した後に上司が分析や改善案を出してしまいますが、それをすると

チームは育ちません。自分たちで考えるから成長するのです。

⑥普段の職場にどう活かすかを発表する

振り返りではワークで起きたことを分析しますがそれを現実の職場にどう活かすかが重要です。最後に一人ひとり発表してもらいましょう。人数が多い場合はグループ内で行いましょう。

指示ゼロ経営に効果的なトレーニング5選

次の3つの要件を満たすものであればトレーニングとして最適です。

①ひとりでは解決できない難しい課題
②チームで取り組めるもの

■トレーニングの6ステップ

③ 結果を客観的に評価できるもの

これらを満たす5つのワークをご紹介します。

トレーニングをする時の会場レイアウトはテーブルを合わせた島形にしましょう。スクール形式は先生が講義をするためのレイアウトです。

「ランキング当てワーク」

およそ1時間の所要時間と紙とペンがあればできる手軽なワークです。

メディアなどが様々な世論調査を行いますが、その調査結果をチームで話し合い当てるという集団意思決定ワークです。ワークに使う題材はインターネットで探すことができます。私がよく参考にするのはニフティが運営する「何でも調査団」というサイトです（http://chosa.nifty.com/）。

様々なアンケートを行っていますし回答者数が多いので調査として高質だと考えています。

例えば、「知っている妖怪に関する調査」がありました。回答者数は2343人でした。

結果は、1位：かっぱ　2位：天狗　3位：ろくろクビ　4位：座敷わらし　5位：雪女　6位：一つ目小僧　7位：のっぺらぼうでした。

ワークでは妖怪の名前だけが書かれたシートに順位を入れていきます。最初に話し合いはせずにひとりで考え記入します。その後、チームで話し合い記入します。回答者が答えたのには何らの理由があります。なので理由をよく考えると正解に近づくはずです。さらにひとりで考えるよりも集団の知恵で取り組んだ方が正解に近づく可能性が高まるのです。賢い集団になれたかどうかが試されるワークです。数チームあると対抗意識が生まれ非常に盛り上がります。

手順

①　専用シートをひとり1枚配布します（270ページ参照）。

②**まずは話し合わずにひとりで考えます。**制限時間は10分です。解答はシートの「個人予測」に書き込みます。ここには数字が入ります。例えば天狗が1位だと思ったら「1」と記入します。

③**次にチームで15分間話し合い順位を決めます。**その際に**「心理的安全性と14の役者を意識して自分たちの力で最高のチームワークを発揮してください」**と伝えます。また安易に多数決はしないことを伝えます。結果は「チーム予測」に書き込みます。上司はワークの様子を創発カード（14の役者）を使い観察してください。

④**「何でも調査団」の調査結果を発表します。**その順位は「調査結果」に書き込んでもらいます。

⑤**誤差を出します。**まずは調査結果と個人予測の誤差を出します。大きい方の数字から小さい方の数字を引きます。誤差にはマイナスの数字は入りません。

⑥**次に調査結果とチーム予測の誤差を出します。**

■ 集団的意思決定ワーク

２３４３人に聞いた「知っている妖怪に関する調査」

	個人予測	調査結果	個人予測と調査結果の誤差	チーム予測	チーム予測と調査結果の誤差
天狗					
座敷わらし					
一つ目小僧					
のっぺらぼう					
かっぱ					
雪女					
ろくろクビ					
		誤差の合計		誤差の合計	

14の役者を意識して有意義な話し合いがなされれば、チーム予測の精度が高まります。
そのためにも安易に多数決をとることはやめましょう。

⑦**「創発カード」を使いチームの状態をみんなで分析します。**その際に上司は**「客観的な事実だけ」**を伝えましょう。「反論者がいなかった」などと。

⑧**発表。**ワークで気付いたことを実際の職場で具体的にどう活かすかをひとりずつ発表して終了です。

このワークでは、集団として賢くなったならば、個人予測よりもチーム予測の誤差が小さくなるはずです。

実際に私のセミナーでは圧倒的に

チーム誤差の方が小さくなっています。

一方で抜群に誤差が小さい（成績の良い）個人がいる場合もあります。結果的にその人の意見を採用すれば、チームは好成績をあげることができたわけです。その人は妖怪に相当詳しい人だと思います。

さて、これをどのように捉えるのが良いでしょうか。

指示ゼロ経営はチームとして最高の意思決定をし、実行することが狙いです。意思決定は十分な話し合いで行われることもありますし、ひとりのデキる人に全部任せることもあります。つまりチームの中に「この分野に関してはこの人」という優れたメンバーがいれば、その人に丸投げすることもありなのです。

具体的には創発カードの中の「会議進行法のチェック」の役者が「この件に関しては○○さんが熟練だから任せてしまったらどうか」と提案します。この提案をみんなで話し合いみんなが承諾します。

ちなみにランキング当てワークではひとりに任せればそれで終了ですが、実際の仕事はそうはいきません。決めた後に役割を分担して実行するプロセスがあります。

たったひとりのアイデアを採用して、その実現の方法をワイガヤで考え役割を決め行動するというケースも多々あります。

何でもすべて話し合いで決めるのが指示ゼロ経営ではありません。「この部分はこの人に任せる」と早い段階で役割を決め行動するという決定法もあるのです。

ランキング当てワークの題材は「何でも調査団」にたくさんあります。ワークに適しているものを使い、何度もトレーニングしましょう。

チームの意思決定が速く正確になります。

「調理実習ワーク」

料理は非常に創造性のいる仕事だと思います。同じ食材でも料理人によってまったく違ったメニューになります。チーム対抗で調理実習ワークをすることで、チームワークだけでなく創造性や計画性のトレーニングになります。

ランキング当てワークには正解がありますが、調理実習ワークには単一解はありません。正解は無数にあるので現代ビジネスが抱える課題に合っています。

職場に簡単なキッチンがあればできます。チーム対抗で行うと盛り上がりますが、キッチンが狭いことを心配する必要はありません。むしろその方が良いのです。

手順

①**食材を用意します。**料理の経験がないスタッフにランダムに7～10種類ほど選んでもらうのがコツです。デタラメと思える食材を用意した方が効果的です。その理由は難易度が低いと協働が起きないからです。玉ねぎ、人参、ジャガイモ、豚肉だと誰もがカレーを思いついてしまいます。メニューが思いつかないほどデタラメな食材を用意しましょう。調味料も各国のものを多く用意します。

②**つくるメニューは1種類です。独自性の高いメニューを目指してもらいます。**制限時間は1時間です。計画から調理終了までで1時間です。1秒たりとも時間は延ばさないことを明確に伝えます。計画に使う時間と調理に使う時間の配分はチームに任せます。カウントダウン式のタイマーがあると効果的です。カウントダウンタイマーはスマホのアプリが安価で買えますので、スマホをプロジェクターにつなぎ大きく映し出しましょう。

③**チーム編成のコツ。**チームが複数できる場合はチーム編成にバリエーションを持たせると効果的です。時には同じ部署のメンバーでチームをつくり、時には部署がごちゃ混ぜになったチームをつくります。

そして「全チームが制限時間までに完成させること」をミッションにしましょう。1チームも見捨てないということです。

先ほどチーム数が多いのにキッチンが狭いのを心配する必要はないと言いました。その理由は計画的に譲り合うというチーム間の協力が起きるからです。

多くの企業が部署間の壁に悩んでいますが、それを打破する第一歩は部署を超えた協働を体験することです。

④**制限時間が来たら作業を完全にストップします。**未完成でも構いません。制限時間までにできない原因の多くは意思決定に時間がかかることです。そういう課題がチームにあるという発見が宝なのです。その課題をチームで考える機会にしましょう。

⑤**振り返りをします。**まずは計画段階で有意義な話し合いがなされたかを創発カー

ドを使い振り返ります。次に誰が何を担当するか、役割分担に関する振り返りをします。まだチームが十分に育っていない場合、積極的に立候補をしないので役割分担に時間がかかります。その課題に気付くことも貴重な体験です。

⑥ **発表。** ワークで気付いたことを実際の職場で具体的にどう活かすかをひとりずつ発表して終了です。

「社内イベントを部下が企画・実行する」

これまでは業務から離れた研修ワークをご紹介しましたが、次にご紹介するのは少しだけ業務に近くなります。忘年会やバーベキューなど、すでに行っている社内の親睦イベントの企画と実行までを「ひと仕事」自分たちで行うのです。事業計画に直接関係のない取り組みですが、人間関係の向上など間接的な効果があるので、より意義を感じてもらえると思います。

ちなみにうちの会社では新年会も忘年会もバーベキュー大会も、全部スタッフが企画しています。

得られる効果は主体的な行動が社内に広がることです。

手順

① **まずは実行委員会の結成です。**これまでご紹介したワークとの違いは任意参加であることです。メンバーは立候補で決めます。立候補したからといって金一封があるわけでも人事評価が上がるわけでもありません。**他人が用意したご褒美が欲しいからやるというのは自律的とは言いません。**

こう言うと「誰も立候補しない」とおっしゃる方がいますが、もしひとりも出なかったら、この取り組みの意義を理解していないか、まだ主体性が育っていないか、関わる時間的ゆとりがないか、いずれかだと思います。この場合も**課題をギフトだと捉えましょう。**

ひとりでも立候補者がいたらそこから始めましょう。その人はイノベーターです。上司はうんと感謝することです。

そしてその人に仲間を誘ってもらいます。上司から全体に対し「誰か仲間になってくれないかな」と促すこともOKです。多くの人は自分から立候補するのを恥ずかしがります。誘われれば参画する人（フォロワー）は結構いるのです。

実行委員会は2人でも立派なチームです。

② ゴール設定と計画立案をしてもらいます。予算を伝え100％実行委員会に任せてください。

ゴールとは「何のためにそのイベントをやるのか」に対する答えです。親睦を深めるとか社長から感謝を伝える場にするとか、そういうことですが、よりリアルにゴールを描いてもらいます。

うちの会社のゴール設定のやり方はこうです。

イベントが終わり会場から出る時、参加者はどんな気持ちになっているか？

例えば、**「今まであまり話したことのない仲間と話せて楽しかった」「社長の想いを聞いて胸が熱くなった」**といった参加者の心境を描くことが大切だと考えています。

ここでも望みの統合が大切になります。部下が考えるゴールは上司のイメージとは違うことが多いと思います。上司は会社や部署の方針などを伝える機会にしたいと考えているが、部下はスタッフが労われる場にしたいという風に。上司にとって譲れない希望があれば、その理由を伝えゴールのひとつに入れてもらうように最初にお願いすることが大切です。

そしてゴールから逆算して計画を立てます。その中に上司の役割もありそれを部下から依頼されると思いますが、快く引き受けて欲しいと思います。

上司は任せた以上は口を挟みません。立候補したのにダメ出しをされたら気分は最悪です。二度と立候補はしないでしょう。

というか、普通の神経の持ち主であれば立候補してくれた人に一方的なダメ出しはできないと思います。感謝の気持ちが優先するはずです。意外にもすんなりと部下を尊重できると思います。

③ 企画段階に入ってもメンバーは募集します。最後まで続けます。企画には参画しないが当日だけ手伝うというのもありです。

その理由はイノベーターとは違い多数派はすでにやっている人の姿を見て動くからです。

逆に最初の段階で募集を打ち切ってしまうと、カルト的なチームになってしまいます。まわりから奇異な目で見られ、それに抵抗して実行委員会は排他的になります。「来るもの拒まず去る者追わず」というスタンスが大切です。

④ イベントでは実行委員会メンバーにスポットが当たる場面をつくります。

社内イベントを部下が企画することの最大の効果は、それを見たまわりのスタッフが刺激を受けることです。

仲間ががんばる姿は自発的なヤル気を生みます。

そのために、イベントでは実行委員会のメンバーが輝く舞台を用意することが大切です。

例えばイベントの最後に社長から感謝の気持ちを伝え、やってみてどうだったかを一人ひとりに語ってもらいます。参加者から感謝の拍手が起きるはずです。

本人たちも嬉しいのですが、同時に彼らの姿を見たスタッフの心に変化が起きるはずです。

そこでメンバーの誰かが「次は一緒にやりましょう」と言ってくれたら最高です。

上司はイベント自体の出来栄えという小さな視点ではなく**「自発的な行動が伝染する」という大きな視点を持つことが大切です。**

最初のうちはメンバーは集まらないと思います。しかし続けることで徐々に増えていくと思います。

うちの会社には43名のスタッフがいますが、イベントの自主運営を通じチームが育ったと感じています。自主運営はバーベキュー大会から始まりました。

会社の営業時間は午前1時から午後7時と長いので顔を合わせないスタッフが多くいます。

存在すら知らないという人もいました。それが原因で部署間の連携が悪くなっていたのです。

そこで交流が必要と考えたのですが、時期が春だったので、夏にバーベキューをしようとなったのです。言い出しっぺはナンバー2の幹部社員です。

彼は早速、実行委員会をつくり募集を始めました。最初に手を挙げたのはアウトドア大好きな新聞配達員でした。「好きこそものの上手なれ」と言いますが、好きでやっている人のアイデアは非常に面白く、それに感化されたスタッフが巻き込まれていきました。

予算は10万円とケチな金額を設定しました。あえて制限を設けたのです。するとあるスタッフは枝豆は買うのではなく栽培するというアイデアを出しました。

肉を焼く設備は、昼間、建設業で働いているスタッフが制作すると言いました。肉が高いから山に行って鹿を獲ってくると言ったスタッフがいましたが、当日持ってきた肉は牛肉でした。「鹿が獲れなかったから友人の肉店から安く仕入れてきた」と言い訳をしていたのが印象に残っています。

バーベキューは非常に盛り上がり、目的である他部署との交流が果たされました。また、社内報で実行委員会の活躍を伝えた影響で、少しずつではありますが自発的に動くスタッフが増えていきました。

こうした取り組みは風土の変革に関することなので短期間で劇的に変化することはありません。

年単位で考えるべきトレーニングだと考えています。

「単発の企画を自分たちで企画・実行する」

次はより実務的な活動を通してのトレーニングをご紹介します。

お客様向けのイベントやキャンペーン、販促企画など、すでにやっている取り組みを「ひとしごと」チームで取り組む方法です。

得られる効果は次の２つです。

- □指示ゼロ経営の効果を業績、数値で確認できる
- □イベントを通じて経営全体を見る視点が養われる

手順

①その企画が経営全体のどこに位置づけられているかをチームで話し合い確認します。

例えばイベントでも、既存客と人間関係をつくることを目的とするものもありますし、新規客と出会うために行われるものもあります。あるいは既存客のお友達を連れてきてもらい新規客を増やすというハイブリッド型のイベントもあります。

経営的に何を目的とするかによってイベントの内容は大きく変わってきます。お客様との接し方も変わってきます。

目的を考えることで経営全体を俯瞰する視点が養われます。

②出来栄え（ゴール）を設定します。企画が終わった時に何を手にしているかを次の3つの項目で描きます。

- **数値**
- **お客様の状態**
- **自分たちが得られる達成感**

数値は新規客獲得数、売上、既存客からの紹介数などです。

お客様の状態とは、3章の「ビジョンデザイン」でご紹介したお客様のビフォー・アフターを描くものです。

自分たちが得られる達成感は、企画が成功したときのスタッフの喜びや充実感です。イベントには打ち上げがつきものですが、その時のイメージを描くのも良いと思います。

この3つをセットで描くことが大切です。

よく数値しか設定しないことがありますが、数値はお客様が何らかを感じ、何らかの行動をした結果によって表れるものです。お客様を中心に置かない計画は上手くいきません。

③ **計画と役割を自分たちで決めます。** 3章の「自己決定」でご紹介した「1枚の因果関係図」をつくるとやりやすいです。

中心にお客様の状態と手にしたい数値的な成果を書きます。次にそのために必要な要件をまわりに散りばめていきます。話し合いながらホワイトボードに書いていくと盛り上がります。また大抵の場合、アイデアを出した人がその部分を担当しますので役割分担がスムーズにいきます。

最後に予算と期限を書き入れれば立派な計画書になります。

④ **企画が終わったら振り返りをします。** 目標を達成した場合は「どうして達成できたか」を、達成しなかった場合は「どうすれば達成できたか」を自分たちで話し合ってもらいます。

繰り返しになりますが、上司が一方的に評価しないことです。上司は客観的な事実だけ伝え、チームが考えるための材料だけを提供しましょう。

「就業規則を自分たちでつくる」

最後にご紹介するのは弊社で実践して非常に効果を上げた取り組みです。自分たちの働くルールである就業規則を自分たちでつくります。法的な問題もあるので社会保険労務士の協力が必要になりますが、やる価値は非常に大きいです。

期待できる効果は次の通りです。

□会社を自分事と捉えるようになる
□会社全体を観る経営者視点が身につく
□自由と好き勝手の分別をつけるようになる＝自由になれる
□不都合を会社のせいにしなくなる
□ルールを守るようになる

すでに就業規則がある会社がほとんどだと思います。その場合はリニューアルをすると良いでしょう。うちの会社はリニューアルをしました。しかし、その結果ほとんど修正はありませんでした。就業規則自体は何も変わらなかったのですが、チームは大きく成長しました。参画したことにより経営者視点が育ったからです。

社長からすると就業規則を社員がつくるなんて考えただけで不安や恐れを感じると思います。

賃金規定に「毎年必ず昇給し降給はしない」なんて書かれたら、たまったもんじゃありませんよね。しかし心配は要りません。

4章の「自由と好き勝手をはき違える部下」でご紹介した4枚の付せんと同じ要領で行えば大丈夫です。

就業規則に盛り込む項目は非常に多いので、短期間でつくることは難しいと思います。半年以上かかると思いますが、だからこそ長期間にわたり経営者視点を体験するので効果があると考えています。

手順

①まずは社長から就業規則を自分たちでつくる、あるいはリニューアルする提案をします。よほど自発性が育っていない限り社員から提案することはありません。自分たちが踏み込んではいけない領域だと思っているからです。

伝える際には「社員にとっての意義」、なぜやるかを確認します。意義はこれに尽きると思います。

世界で一番働きやすい会社を自分たちの手で創ることができる。

望みの統合です。他人がつくった規則に従うから不満が出て社会人の三大疾病にかかるのです。

「会社が、社長が、上司がしっかりしないから自分が辛い思いをする」というのは人生の主導権を他人に握られている状態です。とても可哀想なことだと思います。

就業規則を自分たちの手でつくることは自由になることを意味します。人生にとって意義あることだと思います。

もしかしたら社長が提案しても面倒臭がってやりたがらないかもしれません。その際は強引に押し付けず、一旦、白紙に戻しましょう。「人は自分の意志でのみ動く」が指示ゼロ経営の基本ですから。

チャンスは再びやってきます。働き方に関する不満が出た時です。

② **社会保険労務士に立ち会ってもらい就業規則の基礎を学びます。**社会保険労務士には取り組みの狙いをちゃんと伝えることが大切です。自律型組織を理解してない方にはお願いしない方が良いと思います。

③ **社会保険労務士と社長によるチェックを行います。**社会保険労務士には法的に問

題がないか、社長は自由と好き勝手の分別をチェックします。プラス面とマイナス面の両方が考えられているか、マイナス面が解消されているかを確認します。

疑問に思うことがあれば事実を伝えましょう。例えば「毎年必ず昇給するが降給はしないでは、会社がおかしくなってしまう」と。実際にはそんな案は出ませんがね。

ここでもケチはつけるが答えは教えないことが原則です。

私のビジネスパートナーにこの活動をしている社会保険労務士がいます。

クリーロ企業文化研究所の代表で、特定社会保険労務士の大沼恭子先生です(https://www.krilo-sr.com/)。

大沼先生は指示ゼロ経営を熟知されているので、企業内研修ではほぼ社長が同席しない中でスタッフによる就業規則づくりをやってしまいます。

先日、この件で話を伺った時に、就業規則をスタッフがつくる際の社長の心得をこのように語っていました。

① 就業規則作成プロジェクトの初めには、必ずスタッフによる目標設定を行いま

す。スタッフが設定した目標が社長の思惑から外れていたとしても、許容できる限りは尊重していただきたいと思います。修正が必要な場合は、ヒントとなるツッコミを入れてください。

②**指示ゼロ経営への取り組みは社長の修練の機会でもあります。**スタッフの無限の可能性に期待を寄せるあまりに、今現在の姿に物足りなさを感じるかもしれません。しかし、大切なことは今現在のスタッフを受容し信頼することです。能力の高い一人よりも、等身大のスタッフが集まる方が良い知恵を出せます。**信じて待つ。**忍耐力との闘いですが、社長自身の良いトレーニングだと思って頑張りましょう。

③指示ゼロ経営が会社の文化として根付き始めると、スタッフは仕事が面白くて仕方なくなります。いきおい時間を忘れて没頭しがちになりますが、そこで気を付けていただきたいのは**労働時間の管理**です。当初は夢中で元気いっぱいでも、長時間労働が習慣化すると確実に疲労がたまります。疲労は生産性の低下を招くのみならず、労災の原因にもなります。

長時間労働を防止するには、まずは現状把握から。最近は使い勝手が良く安価なクラウド勤怠システムも出ていますので、ぜひ労働時間の正確な記録を行ってください。

④ 至急就業規則が必要なとき（労基署の是正勧告を受けた、助成金や各種許可申請で必要など）は、プロジェクトのタイミングではありません。**ゆとりを持って取り組める機会にチャレンジしましょう。**

⑤ 労働法は頻繁に法改正が行われています。スタッフの就業環境を守るためにも、法改正のチェックは欠かさずにしてください。**就業規則を見直すことは、経営理念やミッションをみんなで確認する良い機会となります。**プロジェクトが終了した後も、アップデートを兼ねて年に一度スタッフみんなで議論する場をつくると良いと思います。

⑥ 既成概念を破ることは大切ですが、法律は守りましょう。脱法行為や違法行為は、つじつま合わせのために多大なコストと労力がかかります。**指示ゼロ経営式就業規則づくりをするということは、スタッフに会社のすべてを開示するということ。**大丈夫、全体最適の視点を身に付ければ、法律を守りつつ会社が儲かるようになりま

す。

⑦就業規則を社員とともにつくると自然とホワイト企業に近づくというメリットがあります。よくニュースでブラック企業が取り沙汰されていますが、一般的に経営者よりもスタッフの方が労働法に深い関心を持っています。そのスタッフが意思決定の主体となるので、無理なくホワイト企業に近づくのです。

本章でご紹介したワークは頭で考えてもできるようにならない指示ゼロ経営を「身体で覚える」ことを目的としています。

いきなり日々の職場に導入することに不安を感じる方は練習だと思って試してください。思い切って練習なしのぶっつけ本番で導入するのもありです。

いずれにせよ、やれば様々な問題が発生します。

その時には4章をご参考にしてください。

6章

指示ゼロ経営の闇と光

～指示ゼロ経営は人生を創る～

指示ゼロ経営で得た、本当の悦び

20代〜30代の後継社長、特にこれから事業を引き継ぐ方からよく言われることがあります。

「米澤さんは良いな〜、優秀な社員がいて」「会社を空けられるなんて自由で良いですね」「ラクそうでうらやましい」と。

それに対してこう答えます。

「そんなに楽じゃないよ」と。

楽をすることが目的なら指示ゼロ経営は導入しない方が良いと思います。なぜなら本当に楽じゃないからです。

指示ゼロ経営は社長自身に**「手放す」**という覚悟が求められます。コントロール願望を手放す覚悟です。**信頼して任せる、でも責任は自分が取るという覚悟が求められます。**それは口で言うほど楽なことではありません。とても苦しさを伴うことです。

しかし、それを乗り越えると至上の悦びを手にすることができます。会社の業績が良くなったとかいうことを超えた、もっと人生としての意義を感じることができます。

最終章では私が実践して感じたこと、指示ゼロ経営をやった方々が手にした「本当の悦び」をご紹介したいと思います。

「社員を信頼する」なんて簡単に言うけど…

指示ゼロ経営のプロセスは「集団を信頼して任せる」というシンプルなものです。

しかし人間は他人をそう簡単に信頼できないものです。おそらく人を疑うことは自分の身を守るために遺伝子レベルで学習した知恵なのだと思います。

だからコントロール下に置きたくなります。それを手放すことは容易なことではありません。

いまだに私も完全にはできません。

どこかに社長は偉いという意識もあると思います。同時に頼られたいという願望もあります。

こうした情動がつい指示ゼロ経営を邪魔する行動を起こしてしまうのです。

情動は完全になくなることはありませんが、しっかりと向き合えば上手に制御することができます。

私が導入当初に直面した感情の乱れをありのままにご紹介します。正直に書きますが「米澤は酷いヤツだ」と嫌いにならないでくださいね（笑）。

私だけではなく全人類が持っている心の闇ですので。

「じつは育ってほしくないと思ってしまう自分」

頭では社員に成長して欲しいと思っているのですが、社員が育てば育つほどにいつもどこかにモヤモヤした不安を感じるようになりました。特に社員が自分が知らない知識やスキルを身につけた時に感じました。

そのモヤモヤをじっくりと味わった時に自分の本心が観えました。社員は私よりもバカでいて欲しいという願望でした。社員が自分よりも賢くなるとコントロールできなくなると思ったのです。私を脅かす存在になるという恐れからくるものです。

実際に私の知らない知識を使って私の考えに反論することも多々ありました。「生意気に」と思いつつも、あまりに正論なのでぐうの音も出ません。明らかに会社にとって良い判断です。

しかし気に入らないのです。

社員の考えを採用した後には、ついこんなことを思ってしまったのです。

失敗しやがれ。

繰り返しますが嫌いにならないでくださいね（笑）。

そして本当に失敗した時には「それみたことか」と思ったものでした。

また社員のアイデアを否定したこともあります。否定した理由はアイデアが悪かったからではありません。自分を誇示したかったからアラ探しをしたのです。その時に社員から「ではどうすれば良いですか？」と聞かれた時は「キター！」と張り切って教えました。

チームに関わるという指示ゼロ経営の原則を完全に踏み外していますよね。

そのくせに社員へは多くを期待しました。そして期待が大きいあまりに現実の姿とのギャップにガッカリして腹を立てることもありました。勝手に期待して、勝手に裏切られたと思い、勝手に怒っていたのです。

まさにひとり相撲です。

社員同士で自由にミーティングをすることにも恐れを感じました。

「何か悪いことを話し合っているのでは？」と不安に思ったものです。特に会議室から声が聞こえない時は「聞かれてはマズいことをヒソヒソと話し合っているのか？」と疑心暗鬼になったこともあります。

本当は自分も輪に入りたいと思っていたのです。今にして思えば輪に入れば良かった時もありました。

会社を良くしたい、社員に成長して欲しい、社員に幸せな人生を送ってほしい……、これは本当に思っていることです。人は挑戦と失敗を繰り返す中で自ら成長できることも知っていました。

しかし心の中にいるモンスターが邪魔をしたのです。

これは私に限ったことではありません。どの人の中にもいると思います。

モンスターにとり憑かれると余計な言動をしてしまいます。

それを防ぐためには**モンスターの正体を知ることです。**正体が分からないから不安が増大してしまうのです。

正体が分かると恐れは小さくなります。そして**「ああ、またアイツがムクムクと起き上がってきたな」と自覚することができます。**すると距離を置くことができます。とり憑かれなくなり行動を支配されなくなるのです。


まさに修行ですが、これは指示ゼロ経営をする限りずっと続くことです。モンスターが消えることはありませんから。でも続けるうちにコツが分かってくると思います。

会社を悪くしようと思っている社員は基本的にいません。リーダーの心の持ちようなのです。


私は冷静になった時に社員の姿を見て心から思いました。

人には生まれながらにして積極的、自律的で、成長意欲を持っている存在なのだと。自分だって何度も失敗して成長してきた、それを社員に許さないのは傲慢だと。

指示ゼロ経営を続けて、私が思ったそのことが確信に変わっていきました。

従業員ではなく「仕事の主人」になる

私はいつも従業員という言葉に違和感を抱いています。雇われて業務に従事している人を意味しますが、「従」という文字に違和感を抱くのです。上の者に従う、決められた業務に従うという匂いがするからです。

PDSという考え方があります。Plan（計画）／Do（実行）／See（振返り）のサイクルで仕事の質を向上させるものです。

従う者はDoだけやっています。PlanとSeeを上司が行っています。まるで子ども扱いだと思います。上司が頭脳、部下は手足という関係です。

部下が一人前にならない原因は一人前として扱わないからです。

■PDSを自分で動かしてはじめて成長できる

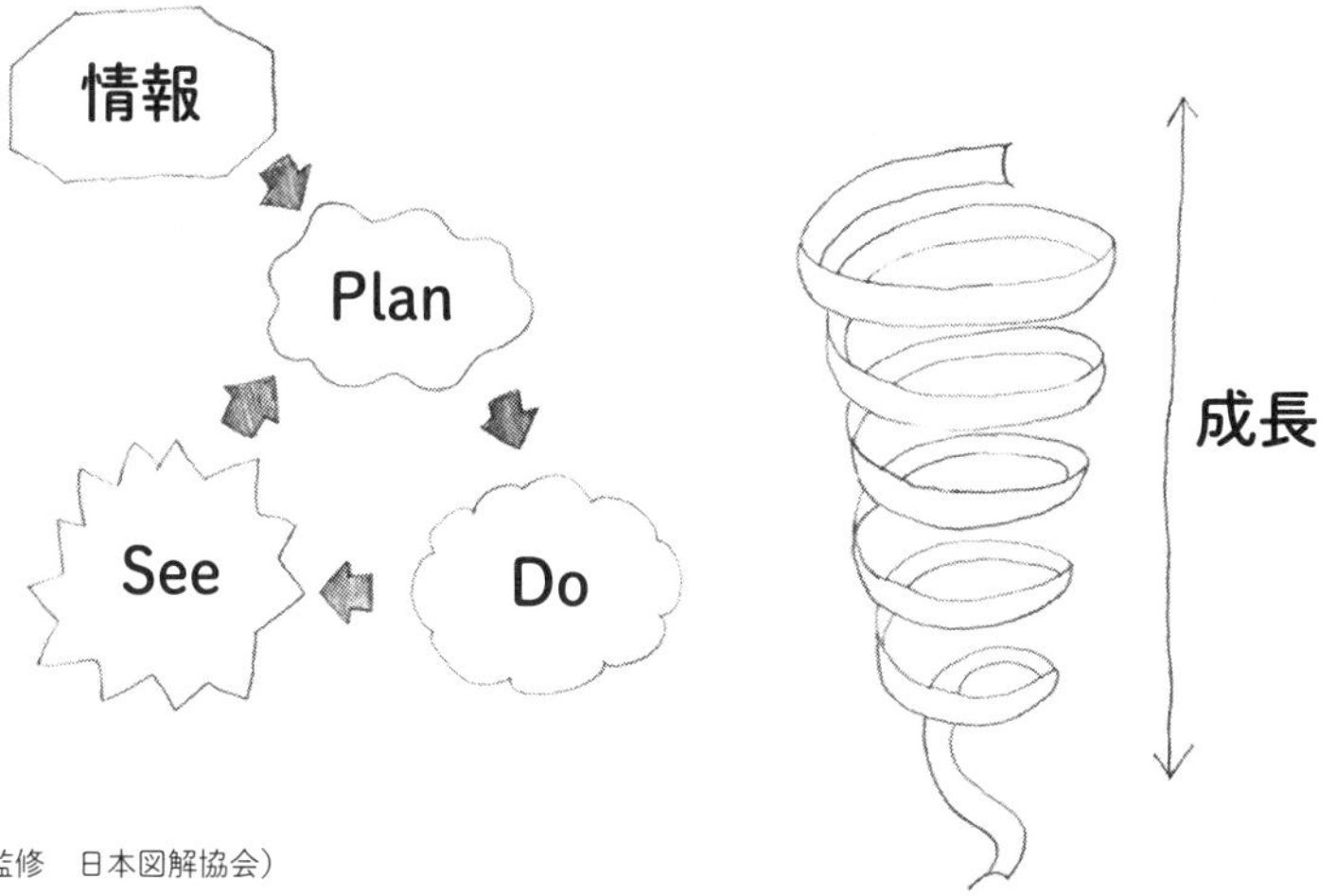

（監修　日本図解協会）

自分で決め判断し行動した結果を自分で振り返り次に活かす……。PDSを自分、あるいはチームで行って初めて一人前です。それが「ひとしごと」であり自ら成長する原動力です。

またPlanをするためには情報が不可欠です。情報公開をせずして「自分で考えろ」なんて無理な話です。一人前として扱うということは正確で正直な情報をオープンにすることです。

ひとしごとができる人は「仕事の主」（あるじ）になります。どうせ仕事をするならば主として盛大に楽しみたいと思うのです。

指示ゼロ経営ではホワイトカラーとブルーカラーの区別はありません。

仕事の主はどんな職種でもなれると考えています。新聞配達員でもなれます。新聞配達は健康な方なら誰でもできる仕事です。朝、出社して自分が配る各種新聞を配達順に並べ替え、決められた時間までに配るという単純な仕事です。よく工夫の余地がないと言われますが、そんなことはありません。

うちの会社には新聞配達業務の主が何人もいます。

例えば、長田さんというベテランがいます。彼は若いころから消防団で活躍してきました。地域が大好きで困っている人を見ると放っておけない方なのです。彼の新聞配達のモットーは「新聞と一緒に安全・安心をお届けする」です。それをスローガンで終わらせずに本当に実践しています。

例えば、独居老人宅で前日の新聞が抜かれていない場合には安否確認をします。早朝でその場で確認できない時は、民生委員さんや行政に連絡をしています。大雨の時には増水状況やがけ崩れの危険を地域の人たちに知らせる活動もしています。

新聞配達は6時までに終了させるのですが、配り終わった後に配達区域をパトロールして早朝作業をしている農家などに情報提供をしています。

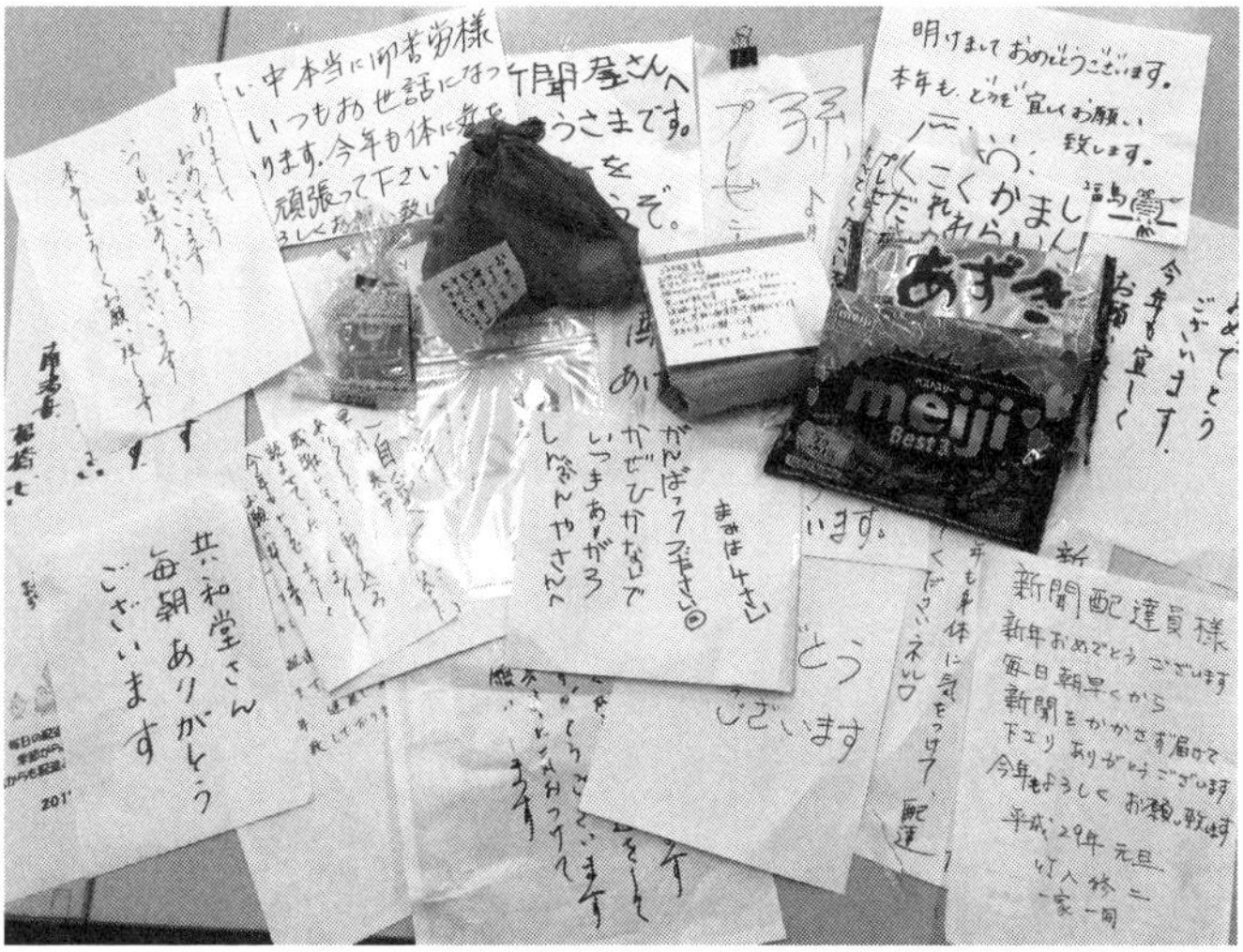

お客様のポストに貼り付けられた配達員への感謝のメッセージ

彼のもとにはお客様からたくさんの感謝のメッセージが届きます。

新聞配達という業務の枠組みの中で、自ら価値ある仕事を開発している……。まさに「仕事の主」です。

他にも事務員に新田さんという女性がいます。事務の仕事は新聞配達よりは複雑ですがマニュアル通りにやれば誰にでもできる仕事です。

彼女はその仕事を誰にも真似ができないくらいに昇華させています。

彼女の仕事のモットーは「モア心地よさ」です。お客様と接するあらゆる機会で、もう少しだけ心地よくなっていただくことを目指した仕掛けを開発しました。

例えば、お客様にお出しする請求書の中に感謝のひとことメモを入れたり、来客がある際には茶托の底（湯のみを置く部分）に円形にくり抜いた紙にメッセージを書き込み、その上に湯のみをセットします。

お客様はお茶を手にとった瞬間に驚かれます。そこにはその時、その相手ならではのオリジナルメッセージがあるのです。本当に相手をよく観ているし、過去の出来事を覚えているのです。

取引先の担当者からの評価が高まるので、私はとても交渉がしやすくなるのです。何度助けられたかわかりません。

仕事の主は、上司ではなくお客様によって育ちます。自分で考え開発した仕事によるお客様の反応で育つのです。

お客様に喜んでいただけたら、次にはもっと喜ばれようと工夫をします。時にはお客様にガッカリされることもありますが、それも自分の判断で招いたことです。他人のせいにできないから悔しさをバネに成長します。

上司ではなく自らつくり出した変化により成長していくのです。

そこでの上司の役割は感謝することと応援することだと思うのです。

指示ゼロリーダーは部下の成長に感謝し悦ぶことができる

5章でお伝えしましたが、指示ゼロ経営における上司の役割は褒めて伸ばすことではありません。自ら成長できる環境をつくることです。子ども扱いしないので、そこには厳しさを伴います。上司も信頼して見守るという試練を体験します。

その環境で部下が成長した時の悦びは格別です。


上司は自分が手取り足取り教えて育てた時にも喜びを感じます。そこには自分の努力が報われたという喜びがあります。

しかし部下がお客様の反応や仲間との協働の中で自ら育った時には、上司は「自分のおかげ」という自負を持つことは少なくなります。

部下も「上司のおかげです」とは言ってくれないことが多いです。

それでもなぜ悦びを感じるのでしょうか。

それは部下が懸命に仕事に取り組み、成長する姿を見るからです。立ち上がる生命の輝きに触れるからです。

それは例えるなら応援しているスポーツ選手のがんばりを見た時に似ていると思います。オリンピックなどをテレビ画面を通じて応援している人には自分が育てたという自負はありませんよね。

応援することしかできません。

勝利のインタビューで「応援してくれたみなさんのおかげです」とは言いますが、そう言ってもらえたことに悦びを感じるわけではないですよね。

選手から立ち上がる生命の輝きに感動し悦びを感じるのだと思います。

その証拠に負けた場合にも感動を覚えます。

勝ったとか負けたとか、そういう条件を超えた部分で起きる気持ちがあるのだと思います。

その気持ちは感謝だと思うのです。
「すごい頑張りを見せてくれてありがとう」と。

部下の頑張る姿、立ち上がる生命に感動し感謝できるリーダーが指示ゼロ経営を成功させます。

まえがきでご紹介した大手生活品メーカーの人材育成部署に勤めるNさんはまさにそんな人です。

大企業はその巨体を維持するためには細かな管理が必要になります。その中で自律型チームをつくるのは並大抵のことではありません。

Nさんはいつも新規事業、新規部門の立ち上げや混乱している部署へ配属され、社員教育を行っています。

その理由はNさんが去った後も課題を解決できるチームをつくるからです。

私は彼女に取材をして、それができる理由がわかりました。

それは**「人間を芯から信頼している」**ということです。新規事業や混乱している部署で働くスタッフはみんな「果たして自分たちにできるのか？」と不安を抱えています。

その中にあり彼女は、確信を持って「できる」と信頼しているのです。

Nさんはこう言います。

「みんな会社を良くしたいと思っているんだよ。でも、変えられない、できないと思い込んでいる。だから私の役割は『石を投げ続けて小さな波紋を創り続けること』だと思う」


石とは意志のことです。リーダーが「できる」という意志を持ち続けることです。


Nさんは「最初から共に考える」というスタイルでチームを育てます。

まずは「顧客は誰か？」を話し合います。商売する相手を明確にしないと、その人が何を求めるのかが鮮明にならないからです。

次に、その顧客が求める価値は何かを考えます。「その人が」「何を求めているのか？」と。そして顧客がその望みを実現するために自分たちにできることを具体的に描きます。

そして個々の役割を立候補で決めていきます。

役割を自分で決めるためには自分を知らなければなりません。なので自分の得意や才能を知るために多くの時間を割きます。

ゼロから自分たちで考えたことだから自分事になるのです。

プランができると「できるのか？」が「できるかも」となりますが、いざ実行段階になると様々な問題に直面してメゲてしまいます。

そんな時はペアワークをやっています。1対1のペアになり、自分の課題を出して解決策を教え合う方法です。アイデアが出たら別の人とペアになり……、これを繰り返します。

狙いは自分たちで課題を解決する体験を重ねることです。

「できるかも」から「できるはず」に変わり、彼女が関わったチームは常に目標を上回る結果を出しています。

Nさんは別れることを前提に育成にあたっています。

だから自立を求めます。自分が指導しなくてもやっていける人材を育てているのです。

真の愛情だと思います。

私は聞きました。「仕事をする上で一番嬉しいことは何ですか？」と。

Nさんはこう言いました。

「人の中にある『マコト』が発動した瞬間を見ることです」

マコトとは立ち上がる生命のことだと私は理解しました。

それを信頼し感謝する心があるNさんだからできる偉業なのだと思います。

人材育成の目標は自社が潰れても引く手あまたな人材を育てること

以前に全国から教員が集まる勉強会に参加したことがあります。

勉強会のテーマは「すべての子ども達が30年後、幸せに生きるための教育」でした。

現場の先生、特に中学、高校の先生にとっての最大のテーマは受験と就職です。親がそれを望むからです。

つい通過点である受験や就職をゴールにしてしまいます。しかし本当に重要なことは社会に出てから通用する生きる力の育成です。

勉強会で基調講演をされたのは3章でご紹介した『学び合い』を研究されている西川純先生でした。西川先生は教育の目標を30年後、50年後に定めています。

これからの子どもたちが生きる時代は、変化が激しく正解のない、何が起きるか予測ができない時代です。

どんな時代になっても、どこに行っても仲間と協働するという最も汎用性の高い力を身につけて欲しいという切実な思いがありました。

企業における人材育成も同じではないかと思ったのです。

通常、人材育成は業績向上のために行います。しかも割と短中期的な収益を狙って教育することが多いと思います。

するとスキルの習得に偏りがちになります。パソコンで言えば良いアプリを入れたがるのです。

しかしアプリが上手く動くためにはＯＳが必要になります。パソコンのＯＳは人間で言えば「考え方」「行動様式」です。どんなに良い知識も考え方が間違っていたら役に立ちません。害を及ぼすことさえあります。

長期視点に立つとＯＳづくりが重要になります。

ＯＳとアプリを併せ持った人材はどんな時代になっても、どんな場に行っても活躍できる可能性が高くなります。

企業には寿命があります。そして短命化する傾向にあります。

万が一自社が潰れても他社から引く手あまたの社員を育てるという発想が求められるのではと思うのです。

それは社員も強く望むことだと思います。だからしっかりと学んでくれて一人前になる、そして結果的に「潰れない会社」になるのだと思います。

社員を業績を上げる手段と捉えるか、かけがえのない人間として尊重するか。

リーダーの考え方が人材育成に如実に表れると思います。

人材育成に関しても「望みの統合」が求められるのです。

本来の自分を生きる悦び

指示ゼロ経営で悦びを感じるのは社長、上司だけではありません。部下も言い尽くせない悦びを得ることができます。

それは仕事の主となることで「本来の自分」を生きることができるからです。人は自分でないもののフリをして生きると苦痛を感じます。そういう時にはヤル気も創造性も発揮されず成果も出ません。

では本来の自分とは何でしょうか？

それは自分の才能や個性、特性がいかんなく発揮されている状態だと考えます。自分のあり方、そのものを生きている素の状態とも言えます。

あり方を「Being」と言います。やることを「Doing」と言います。そして、その結果手にするものを「Having」と言います。

「自分はこんな人間だから（Being）」「これをする（Doing）」「その結果これを手に

する（Having）」という関係でつながっています。

この3つがつながった時に本当に豊かな人生を生きることができると思うのです。

自分の本質に合ったことをすることで、行為自体から悦びを感じますし、それゆえに高いパフォーマンスを発揮し、成果を出すことができます。

物心ともに豊かになります。

例えば、先ほどご紹介した弊社の長田さんや新田さんは仕事の主となったことで自分のBeingをいかんなく発揮しています。

その結果、ファンが増え業績の安定に貢献してくれています。それとともに、自分がかけがえのない存在だという、最も意義ある自負を手にしています。

自分だからできることで誰かのお役に立ち「ありがとう。あなたに出会えてよかった」、そう言ってもらえた時に人生は本当に開花するのだと思います。

またBeingを生きている人は周りに勇気を与え、多くの賛同者を得ることができます。

今から数年前に夢新聞ワークショップを行った時に小学5年生の駿という男の子が

参加してくれました。大人に混じっての参加でした。

　最初にひとりずつ自己紹介する時間をつくりました。駿にマイクが渡りました。

　しかし、駿はしゃべりません。少し様子がおかしいのです。

　すぐにその理由がわかりました。じつは駿には吃音障がいがあり、上手に言葉を発することができないのです。

　駿はどもりながら、一生懸命にこう言いました。


結果は「あり方」と「やり方」の上になり立っている

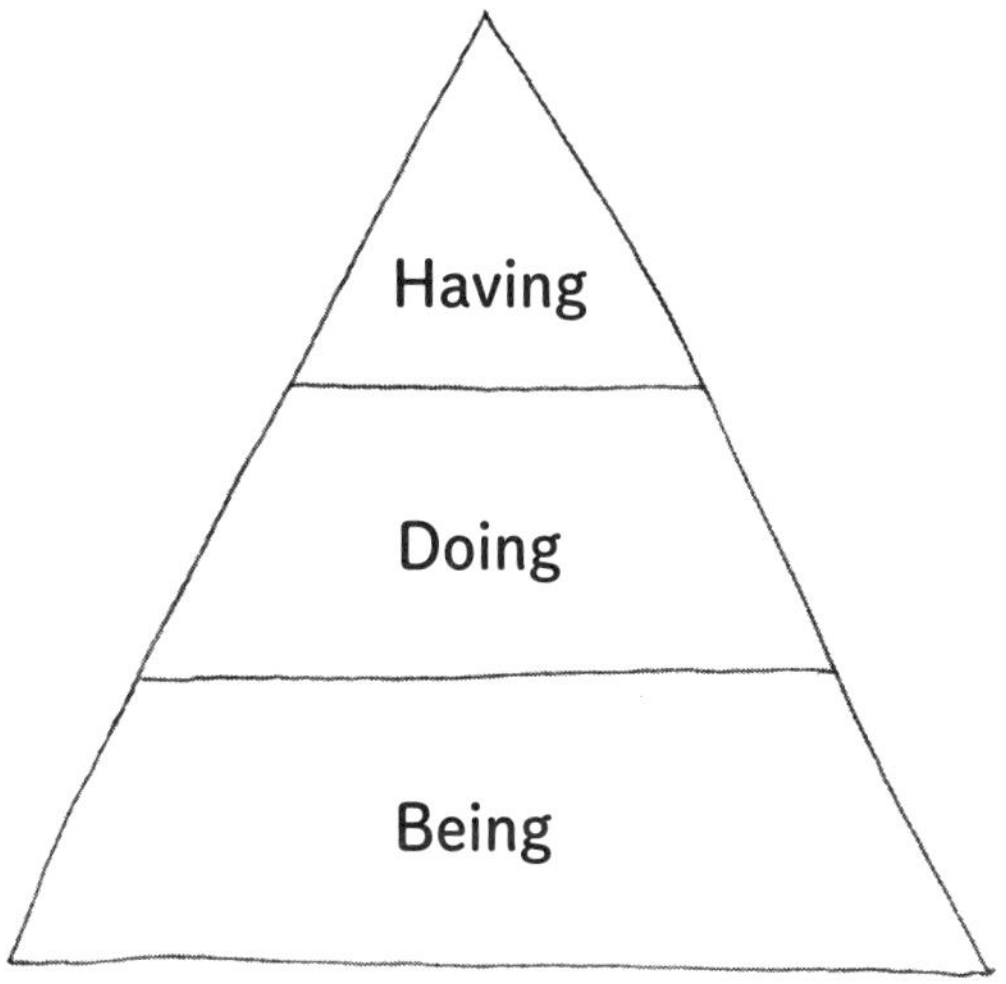

（監修　日本図解協会）

「僕には5つの障がいがあります。ひとつは吃音、もうひとつは発達障がい…」残りの3つは覚えていませんが、駿はこう続けました。

「もしかしたら迷惑をかけてしまうかもしれませんが、よろしくお願いします」

私も参加者の大人たちも駿の姿に心を打たれました。隠すことなく堂々と自分という人間を伝えたのです。

どうしてそんなことができるのか？　そして駿がどんな夢を描くのか？　私はすごく気になりました。

夢新聞ワークショップでは最後に夢新聞を発表する時間があります。駿の番が来ました。

どもりながらも力強く宣言しました。

「長野県の教育長になった」

私はすぐに訊きました。「なぜ教育長なの？」と。

駿はこう答えました。

「僕には障がいあることで弱い立場の人の気持ちを理解する力があるし、その人たちにもできることがある事を知っています。だから教育長になって健常者も障がい者も一緒に授業が受けられる教室をつくりたいんです」

私は生まれて初めて見ました。スタンディングオベーションというものを。

それを聞いた大人たちが一斉に立ち上がり鳴り止まない拍手を送ったのです。

そして、「応援するよ。がんばれ！」と大きな声が飛び交いました。

駿はキョトンとして顔で「なんで夢を発表しただけなのに、こんなに応援してくれるのか不思議です」と言っていました。

でも、その瞳には光るものがありました。

一生の思い出に残る夢新聞ワークショップでした。真の想いは人を動かすのだと痛感した出来事です。


さて、駿のBeingだからできるDoingのひとつが教育長ですが、他にもBeingが活きる仕事はたくさんあると思います。

駿はこれから大人になるにつれ、いろいろな世界を観るでしょう。夢も変わっていくと思います。変わったとしてもその軸があれば多くの可能性を秘めているのです。

私たちはともすればDoingを気にしすぎる傾向があると思います。もしかしたら、あなたの部下は今の仕事は自分の天職ではないと思っているかもしれません。

しかし仕事の主になることでBeingを活かすことができるのです。仕事を自分が活きるようにデザインすることができるのです。

自分探しをしても自分は見つからないと思います。なぜなら自分の外にはないからです。

すでにあるものに気付くしかない。自分探しの旅に出なくても、今立っている舞台……、今の仕事でそれを見つけることができるのです。

それは決して楽なことではありません。うちの社員はこう言います。

「楽じゃないけど愉しい」

誰にでも今いる場所で人生を開花させることができると思います。

他律から自律へ、そして再び他律へ

私が指示ゼロ経営を16年間やってきて、そしてセミナーで出会った人を見て確信を持つことがあります。

それは**「人には役割がある」**ということです。**少し大げさにいうと天命です。**

やっている本人がそう感じるのです。

多くの人は子どものころから自ら考え行動する訓練を受けていません。なので大人になっても他律の人が大勢います。他律とは第三者によって動かされている状態です。

それが指示ゼロ経営の環境に身を置くと自律する……、仕事の主になります。

それがやがて再び他律になるのです。悪い意味ではありません。とても不思議な感覚なのですが、自分のBeingを活かし仕事をしていると、何だか自分の意志ではないような感覚になるのです。

生かされていると感じる人が出るのです。

どういうことなのでしょうか。

第二次世界大戦でナチスにより強制収容されたヴィクトール・E・フランクルは、極限状態で気付いたことを著書「夜と霧」の中で述べています。

人生に対し何かを期待するのではなく、むしろ人生が自分に何を期待しているかを考えることだ。

すべての人が生まれた時に期待をされていることがある、それに応えることが人生の命題だと思うのです。

ＰＤＳサイクルを自らの力で回し、らせん状に成長した到達点だと思っています。

10年以上前の話ですが、私は、大先輩に言われ思わず涙が溢れ人生観が変わった出来事があります。

30代前半の頃、自分のBeingがわからず悩んだ時期がありました。

大先輩に相談すると、こんな質問をされました。

「お前の氏名はなんだ？」と。

今更何を、と思いながら「米澤晋也です」と答えると大先輩は言いました。

「米澤晋也を生きることがお前の使命だ」

これが最終的な望みの統合……、「天との望みの統合」なのだと思います。

天が望む自分を生きる、それがBeingを生きることだと。

経営の真の目的とは？

経営の真の目的とは？　なんてことは社長歴20年そこそこの私が語れるものではありません。世の中にはいろいろな考え方がありますが、突き詰めると幸せを創造するということになると思います。

そもそも私たちは幸せに生きるためにがんばっています。成功を望み挑戦するのも、頑張って働きお金を稼ぐのも、幸せな人生を送るためです。

先人たちは人々が幸せに生きるために経済やビジネスを開発しました。

幸せな人生を送ることが目的で、ビジネスはその手段のひとつです。

ところが手段であるビジネスのために人生を犠牲にする人が後を絶ちません。

目的がおろそかになり手段だけが肥大化していくブラックな企業も結構あります。

とても悲しいことだと思います。

しかし、今は過渡期でこれからは人間性重視の企業が増えていくと、私は期待しています。それは私の個人的な願望ではなく「時代が求めている」と強く感じるのです。内閣府の「国民生活に関する世論調査」が示すように、多くの人が心の豊かさを望んでいます。それはとても抽象的なことで、学者でない限り数値で測ることはできません。

生活者がそれを求めていることを象徴する現象が起きています。

最近「神対応」という言葉をＳＮＳなどでよく目にするようになりました。神対応とは心が温まる豊かな対応のことです。ひとりの投稿に共感した人が拡散してあっという間に世に広がります。

心の豊かさは、受けた本人だけでなく話を聞いた人の心をも動かすのです。

私が見る限り、商品が良かったという拡散よりも神対応の拡散が圧倒的に多いと感じています。

これがビジネス的に何を意味するのでしょうか。

商売の効率化です。商売は新しい顧客と出会うことに多額のコストがかかります。また一度出会った顧客とずっと関係を続けることにも多額のコストがかかります。多額の広告を打ち、出会った顧客を逃さないようにあれこれと工夫して囲い込みをします。

心の豊かさを提供できる企業は、そのコストを大幅に小さくできるのです。なんせ顧客が宣伝をしてくれるし、わざわざ囲い込まなくても熱心なファンでいてくれるのですから。

人間性重視の経営をした企業が金銭的な利益を上げる……、そんな時代になりました。

心の豊かさを提供できる人は、自分の心が満たされている人です。本来の自分を生き、仕事の主となり、仕事から真の悦びを受け取っている人です。

生命の輝きを放っている人

駿の話を思い出してください。駿の想いに触れた大人たちは万雷の拍手を送り応援しました。

彼らは駿から物質的なサービスは何も受け取っていません。

ただ駿から放たれる生命に感動したのです。

私は「人に光を当てる経営」という言葉に違和感を抱いています。他人に光を当てられないと輝けないのか、と思うからです。

人は自ら輝けるのです。

「そんな人を育てた企業が結果的に物質的な富も得る」

これを時代が求めているのだと感じるのです。

あなたにとっての経営の真の目的は何でしょうか。

おわりに

私は「銀だら事件」をきっかけに指示ゼロ経営の導入を決意しました。しかし、しばらくは満足のいく出来栄えではありませんでした。いろいろな知識を学び試して、そこそこは上手くいくのですが、何か決定的に足りないものがあると感じていました。

それは人間性の重視でした。

私は人を機械のようにメカニカルに扱っていたのです。もちろんメカニカルな部分はあります。

しかし、人は複雑な感情を持った生き物です。そんなに合理的に動くものではありません。

人の気持ち、感情を無視して指示ゼロ経営はできないのです。

そのことに気付いた出来事がありました。

とある小学校の6年生のクラスで夢新聞ワークショップをやった時です。卒業間近の参観日でした。

そこにY君という男の子がいました。夢新聞の見出しには「Y教授、世界的な大発見を！」とありました。

しかし夢新聞の発表の時に少し浮かない顔をしていたのが気になりました。

ワークショップが終わり、片付けをしている私のところにやってきて、緊張した面持ちで私にこう尋ねました。


「僕は小さなころから落ち着きがないと言われてきたんだけど、こんな僕でも夢は叶いますか？」


夢新聞を読むと、将来、教授になり海底都市を発見したことが書かれていました。

私は困惑しました。なんて言ったら良いか迷ったのです。じつは、事前に先生からその子に発達障がいがあることを聞いていたからです。

私が戸惑っていると、お母さんが急ぐように来てこう言いました。


「なにを言ってんの？　落ち着いているヤツじゃ海底都市なんて発見できないじゃ

ん。お前は落ち着きがないんじゃなくて行動的なんだよ。それが才能なんだよ。いい？忘れちゃダメだよ。お前の才能が花開くのを待っている人が世界中にいるから」

Ｙくんの少し恥ずかしげな、しかし誇らしげな笑顔を私は一生忘れません。

Ｙくんの心を動かしたのは一体何だったのでしょうか？　お母さんの言ったことの論理でしょうか。

おそらくそうではありません。

お母さんが本当に心から思っていることだったから伝わったのだと思います。気持ちが共鳴したのです。

私はＹくんに伝える時のお母さんの表情が印象に残っています。

お母さん自身の心が動いているのが分かりました。目に涙を浮かべているのだから。

これは無条件の愛情です。成績が良いからなどという条件つきではなく、Ｙくんの存在そのものを認め愛しているのです。

この出来事は私の経営者人生に2つの大きな変容をもたらしました。

ひとつは**「正しいだけで経営はできない」**ということです。もちろん間違っていたらダメですが、正しい論理だけでは人は共感しないということです。

自分が本気で信じていることしか相手に伝わらないのだと気付いたのです。

当時の私は頭でっかちでした。ビジネスは儲けてなんぼと、手段と目的をはき違え、どこかの教科書に書いてあったことを理屈で語っていたのです。

社員を、望みを持った人間として尊重していなかったのだと思います。

2つ目は、私の少年時代のある出来事を思い出したことです。

自分にも同じような体験があります。

私は小学校のころ集団行動が苦手でした。今でも苦手ですが……。

そんな私を苦しめる行事が2つありました。

ひとつは遠足です。オヤツの予算も同じ、着るジャージも同じで目的地に向かい歩けというのです。

遠足の前夜には熱を出すこともありました。

遠足の写真を見ると本当に浮かない、魂が抜けたような顔をしています。

さらに私を苦しめた行事が運動会です。特に入場行進です。今度は「右足と左足を全員で合わせて歩け」と言うのです。

耐えられたもんじゃありません。

当時は管理教育まっ盛りの時代です。勝った時の喜びの言葉まで指定されていました。

勝って「イエーイ!!」と言ったら「違う、わーい！だ」と怒られました。

集団行動、画一的な管理が苦手な米澤少年はあっという間に問題のある子になってしまいました。先生も心配して親に相談します。

人は心配されればされるほど自信をなくすものです。

「自分はどこかおかしいのかも」「欠陥人間なのでは」と悩み、どんどんと自信を失くしていきました。

そんな私を救ってくれたのはおばあちゃんでした。

ある日一緒にお風呂に入っていると、おばあちゃんが私に言いました。

「なあ晋也、背中を洗ってくれや」

珍しいな、と思いながら、私はおばあちゃんの小さく丸まった背中をゴシゴシと洗いました。

すると、ぽつんと、ひとり言のようにつぶやきました。

「なあ、晋也、お前は別のものになろうとしなくていいんだぞ」

とても嬉しかったです。すごく救われた気がして心が楽になりました。

続けておばあちゃんは言いました。

これが後に私の人生のテーマになる言葉です。

「お前は、別のものにならなくても、ちゃんと、お前がなるべきものになれるから」

小学生の私にはその深い意味は分かりませんでした。しかし、自分はこのままで良い、そして自分は何者かになれるんだ、と思うことができ、嬉しかったのです。

これが指示ゼロ経営の原体験です。

Yくんにお母さんがかけた言葉を聞き、この出来事を思い出したのです。

涙がとまりませんでした。

当時、私の指示ゼロ経営に足りなかったものは、私の本当の想い、私が信じていることを伝えていなかったことでした。

私に「なるべきもの」があるように、すべての人にそれがあると信じています。

人は何者かになっていく、その道を今この瞬間も歩いているのだと思います。すべての人が自分の道を行くことを望んでいるのだと思うのです。

私は思います。

人には、その人だからできることがあって、それをするために生まれてきたのだとしたら、自分だからできることで誰かに喜ばれ「ありがとう、あなたに出会えてよかった」、そう言われた時に人生が開花するのだと。

私が信じていることを伝えるようになってから指示ゼロ経営は変わりました。

私はおばあちゃんに教えてもらった、人生で大切なことを胸に刻み生きています。開花の人生を送る人がひとりでも増えて欲しい、そんな想いで指示ゼロ経営の仲間をつくっています。そして、それを成し遂げずに人生を終わらせるのは嫌だ、後悔はしたくないと思っています。

経営者、マネージャーは部下の開花の瞬間を目の当たりにできる素晴らしい立場だと思います。

同時に経営面でも、部下の人生面でも、とても責任のある立場です。

その両方の責任を果たせる経営法が指示ゼロ経営だと確信しています。

そして、あなたも「なるべきもの」になっていく、そう私は信じています。

指示ゼロ経営は楽じゃないけど愉しい……。ぜひ、本書を活用され開花の人生を歩んでいただけたら嬉しく存じます。

本書の出版に際して、素人の私を指導してくださった内外出版社の小見敦夫さん、編集者の関根真司さん、営業の浦野純一さんには大変お世話になりました。本当にありがとうございます。また私と内外出版社をつないでくれた早津茂久さん、出版についていろいろと教えてくれた井田　如信くん、指示ゼロ経営を図解や漫画で表現してくれた多部田憲彦さん、大畑哲也くん、娘、米澤明莉、本当に感謝しています。

また指示ゼロ経営に多大なインスピレーションを与えてくださった、小阪裕司先生、天外伺朗さん、西川純先生には言葉では言い尽くせない御恩を感じております。

指示ゼロ経営を一緒に研究してくれた株式会社たくらみ屋の相棒、森本繁生さん、我孫子勝広さん、得居裕江さん、指示ゼロ経営の事例を惜しみなく提供してくれた蜂谷悠介さん、Nさん、関口敏江さん、美智さん、福山重紀さん、大沼恭子先生、全国の実践者のみなさん、夢新聞の仲間たち、私を育ててくれて本当にありがとうございます。

そして共和堂スタッフのみんな、つらい思いもたくさんさせました。わがままも言いました。指示ゼロ経営はみんなと共にあります。心から感謝しております。100年企業に向け輝いてください。

天国のおばあちゃん、じいちゃん、おやじ、期待に応えられているか分かりませんがこれからも見守ってください。

最後に、母、敬子、2人の姉と大好きな子どもたち、そして最愛の妻、真咲……あなたたちの存在は私の生きる理由です。

2019年1月

米澤晋也

参考文献

「幸福学×経営学　次世代日本型組織が世界を変える」　内外出版社　前野隆司／小森谷浩志／天外伺朗　著
「「みんなの意見」は案外正しい」　KADOKAWA　ジェームズ・スロウィッキー　著
「ザ・ゴール　コミック版」　ダイヤモンド社　エリヤフ・ゴールドラット／ジェフ・コックス　著
「非常識経営の夜明け」　講談社　天外伺朗　著
「改革の不条理」　朝日新聞出版　菊澤研宗　著
「日本の「安心」はなぜ、消えたのか」　集英社インターナショナル　山岸俊男　著
「キャズム」　翔泳社　ジェフリー・ムーア　著
「人を伸ばす力」新曜社　エドワード・L.デシ／リチャード　フラスト　著
「愛に生きる」　講談社　鈴木鎮一　著
「アクティブ・ラーニングによるキャリア教育入門」　東洋館出版社　西川　純　著
「楽しみの社会学」　新思索社　M・チクセントミハイ　著
「第3の組織論」　創英社　小林　茂　著
「夜と霧」　みすず書房　ヴィクトール・E・フランクル　著
「組織論再入門」　ダイヤモンド社　野田　稔　著
「ニュー・アース」　サンマーク出版　エックハルト・トール　著
「天職の作法」　大和書房　小阪裕司　著
「超ビジュアル版　人口減少逆転ビジネス」　日本経営合理化協会　古田隆彦　著

米澤晋也（よねざわ・しんや）

株式会社たくらみ屋代表　株式会社 Tao and Knowledge 代表
一般社団法人ドリームペーパーコミュニケーションズ（夢新聞協会）代表理事

先代の急逝で 3 代目として社員数 40 名の新聞販売店「共和堂」を継ぐ。その時 24 歳。不人気業種で人の問題に直面、さらに業界全体が衰退期に入る中、様々な事業を立ち上げるもすべて失敗する。何が正解か分からない、社長にも正解が示せない中、集団の知恵で課題を解決する「指示ゼロ経営」を開発。共和堂を全国有数の新聞店にする。現在は企業研修や学校でのキャリア教育などで「指示ゼロ経営」を伝えることをライフワークにしている。

指示ゼロ経営の情報、
ノウハウはブログにて公開。

セミナーも定期的に
開催している。

指示ゼロ経営

発行日　2019 年 1 月 24 日　第1刷
　　　　2019 年 1 月 30 日　第2刷
著　者　　米澤晋也
発行者　　清田 名人
発行所　　株式会社 内外出版社
　　　　　〒 110-8578　東京都台東区東上野 2-1-11
　　　　　電話 03-5830-0237（編集部）
　　　　　電話 03-5830-0368（販売部）
印刷・製本　中央精版印刷株式会社

ISBN 978-4-86257-403-9